LAS CLAVES DEL NUEVO DELE A1

Emilia Conejo
María Pilar Soria
María José Martínez

Las claves del nuevo DELE A1

Autoras
Emilia Conejo, María José Martínez, María Pilar Soria

Asesor pedagógico
Agustín Garmendia

Coordinación editorial y redacción
Montse Belver

Diseño gráfico
Forabord (interior), Óscar García (cubierta)

Maquetación
Enric Font y Eva Guasch

Ilustración
Jesús Escudero y Pablo Moreno

Documentación
Andrea Fiumara y Olga Mias

© Fotografías: **unidad 1** p. 5: Jupiterimages/gettyimages; p. 6: Jin Yamada/dreamstime; p. 8: *Rafa Nadal*, Alvaro Gandara/flickr; *Shakira*, Kalumba2009/flickr; p. 17: *hombre*, Eva Llorens; *mujer*, Mon; p. 18: *0A*, Morozova Tatiana/stockxpert; *0B*, Kristian Sekulic/dreamstime; *0C*, Jorge Mejía/flickr; *0D*, Georgy Markov/stockxpert; *1A*, Asif Akbar/sxc; *1B*, Michael Flippo/dreamstime; *1D*, Kia Abell/sxc; *2A*, *Diccionario Español-Alemán Deutsch-Spanisch*, Editorial Océano, Barcelona (2006); *2B*, *The Cambridge School Dictionaries Español-Inglés English-Spanish*, Ernst KLETT Sprachen GmbH, Stuttgart and Cambridge University Press (2004); *2C*, Toby Oxborrow/flickr; *2D*, *Maggiore Diccionario Español-Italiano Italiano-Spagnolo*, Zanichelli editore s.p.a., Bologna (2005); p. 19: *3A*, M.Peinado/flickr; *3B*, Eduardo/flickr; *3C*, García Ortega; *3D*, M.Peinado/flickr; *4A*, Jenkedco/dreamstime; *4B*, Yvonne Bogdanski/dreamstime; *4C*, Viktoriya Kirillova/dreamstime; *4D*, Elena Rostunova/dreamstime, *5A*, Lavinia Marin/sxc; *5B*, fcl1971/sxc; *5C*, Jitterbugg/dreamstime; *5D*, Hidalgo PLS/flickr; p. 22: Brenda Carson/stockxpert. **unidad 2** p. 25: Daniel Lobo/flickr; p. 27: Pilar Soria; p. 28: *chico*, García Ortega; *mujer*, Eranda Kumarapperuma/dreamstime; p. 30: *bombero*, Dimitri Surkov/dreamstime; *cantante*, Scott Zinder/sxc; *doctora*, Helder Almeida/dreamstime; *pintora*, Certo Xornal/flickr; *profesor*, Monkey Business Images/dreamstime; *arquitecto*, Alex Brosa/dreamstime; p. 36: Iñaki Calvo; p. 39: García Ortega; p. 40: Mitchell Powell/sxc. **unidad 3** p. 43: M. Arrazola/EJ-GV; p. 46: *México*, rigo_uic/flickr; *paella*, milacroft/123rf; *gazpacho*, Ramón Grosso/123rf; *ensalada*, typofi/sxc; p. 48: Gabriella Coleman/flickr; p. 51: *escaleras*, mapelc/sxc; *tienda*, agobum666/sxc; p. 54: *jersey*, Oleksandr Kalyna/dreamstime; *falda*, Olga Kadroff/dreamstime; *vestido*, Elnur/dreamstime; *vaqueros*, Aleksandr Ugorenkov/dreamstime; *cinturón*, Antonio Jiménez/sxc; *zapatos*, Nikolai Sorokin/dreamstime; *chica*, Heather Sorenson/sxc; *hombre 1*, Harrison Keely/sxc; *mujer*, Ariel da Silva Pariera/sxc; *hombre 2*, Iván Vicencio/sxc; p. 57: *jersey*, Pakhnyushchyy/dreamstime; *pantalón*, Elnur/dreamstime; *falda*, Chiyacat/dreamstime; *camisa*, Marian Mocanu/dreamstime; p. 58: *1*, Lada; *2*, José Luís Navarro/sxc; p. 59: *1*, Sebastian Czapnik/dreamstime; *2*, Lgrig/dreamstime; *3*, José Alfredo Gómez/sxc; *4*, Javier Lastras/flickr; p. 60: *1A*, Tomas Fano/flickr; *2B*, Brano Hudak/sxc. **unidad 4** p. 61: Ricardo Belver; p. 62: *chicos*, García Ortega; *chico*, Eastwest Imaging/dreamstime; *chica 4*, Ricardo Belver; p. 68: *Vall d'Aran*, David Puig; *Doñana*, Eva Guasch; *Ifach*, ventura_carmona/flickr; *Picos*, pilarazaña/flickr; *Numancia*, wikimedia.com; p. 69: Kriss Szkurlatowski/sxc; p. 74: *1*, Andrea Fiumara; *2*, Antonio Jiménez/sxc; p. 76: *1*, *rascacielo*, mihow/sxc, *montañas*, oajan/sxc, *playa*, Flavio Mazziero/sxc; *2*, c_p_t_méxico; p. 78: Iñaki Calvo. **unidad 5** p. 79: Mon; p. 80: *1*, Piotr Ciuchta/sxc; *2*, Turgalicia; p. 81: *playa*, Adrià Ariste/flickr; *casa*, Gustavo Palop/sxc; *fondo*, Toprural/flickr; p. 82: Secretaría de Turismo de Salta; p. 83: *chica*, Núria Bailón; *chico 1*, Ricardo Belver; *chico 2*, Mon; *Llanes*, Nacho Castejón/flickr; *Córdoba*, Heiko Sonntag/sxc; *Tenerife*, Albert Lazcano/sxc; *playa*, Secretaría de Turismo de Venezuela; p. 84, *Segovia*, Emiliano Pérez/sxc; p. 85: *Toledo*, Francisco Javier Martín/flickr; *Alcalá*, M.Peinado/flickr; p. 86: c_p_t_mexico. **examen 1** p. 95: *5A*, Carlos Paes/sxc; *5B*, Hunk/dreamstime; *5C*, Stocksnapper/dreamstime; *5D*, Trine de Florie/sxc; p. 96: *A*, García Ortega; *B*, Christa Richert/sxc; *C*, *El laberinto del fauno*, Guillermo Del Toro, Estudios Picasso, Tequila Gang, Esperanto Filmoj (España/México 2006); *D*, Frank Kalero; *E*, Thomas Hobbs/flickr; *F*, Reservas de Coches/flickr; *G*, Oleg Ivanov/dreamstime; *I*, Javier Rubilar/flickr; p. 97: *A*, *Diccionario de las lenguas española y alemana*, Editorial Herder (Barcelona 2004); *B*, *Colombia*, Laertes, S.A. de Ediciones (Barcelona 1993); *C*, *En el cole*, Usborne Publishing Ltd (Londres 2005); *D*, *Bueno, bonito y barato*, Random House Mondadori, S.A. (Barcelona 2009); *F*, *Yoga. Pilates*, Random House Mondadori, S.A. (Barcelona 2005); *H*, *La Habana*, Ediciones B, S. A., En español para todo el mundo (Barcelona 2004); *I*, *Animales de la granja*, Susaeta Ediciones, S.A., (Madrid); *J*, *Recetas sencillas del mundo*, Fernando González de Heredia y Editorial Everest, S.A., (León 2009); p. 99: *1A*, Pavel Losevsky/dreamstime; *1B*, Javier Lastras/flickr; *1C*, Mon; *1D*, Jiri Miklo/dreamstime; *2A*, Kurhan/dreamstime; *2B*, Monika Wisniewska/dreamstime; *2D*, Bowie/dreamstime; *4A*, Said/sxc; *4B*, Herman Brinkman/sxc; *4C*, Peter Kirillov/dreamstime; *4D*, Vivek Chugh/sxc; p. 100: *5A*, Gregg/flickr; *5B*, Miguel/flickr; *5C*, Roberto Garcia Fadon/flickr; *5D*, Juan Jiménez/flickr; p. 101: *3*, Frank Kalero; *4*, García Ortega; p. 104: *2*, Jorge Cortell/flickr; *4*, oSINaReF/flickr. **examen 2** p. 105: *5A*, García Ortega; *5B*, Pilar Soria; *5C*, García Ortega; *5D*, Pilar Soria; p. 107: *0*, Pilar Soria; *12*, Mokra/sxc; *13*, Héctor Landaeta/sxc; *14*, Piotr Lewandowski/sxc; *15*, Mehmet Can/dreamstime; *16*, Mangostock/dreamstime; *17*, Bowie15/dreamstime; p. 108: Hector Landaeta/sxc; p. 109, *chico 1*, Iwan Beijes/sxc; *chico 2*, García Ortega; *chico 3 y 4*, *1A*, *1B*, *1C*, *1D*, *2A*, Pilar Soria; *2B*, Monkey Business Images/dreamstime; *2C*, Magomed Magomedagaev/dreamstime; *2D*, Andres Rodriguez/dreamstime; *3A*, zbyszek80/sxc; *3B*, Jeff Prieb/sxc; *3C*, Davide Guglielmo/sxc; *3D*, Antonio Jiménez/sxc; p. 110: *5A*, Frank Kalero; *5B*, Edith Moreno; *5C y 5D*, Pilar Soria; p. 111: *3*, Mon; *4*, García Ortega; p. 114, *1A*, *2A,2B y 4A* Pilar Soria; *1B*, Quentin Houyoux/sxc; *3A*, Ricardo Belver; *3B*, Michael Flippo/dreamstime; *4B*, *libreta*, typofi/sxc; *Ipod*, Daniel Díaz/sxc. **examen 3** p. 115: *5A*, Poohsayhi/sxc; *5B*, Michal Zacharzewski/sxc; *5C*, Alecsandro Ferreira/sxc; *5D*, Javier Lastras/flickr; p. 119: *1A*, Underbelly Limited/flickr; *1B*, Pablo/flickr; *1C*, Pinc Floit/flickr; *1D*, Frank Kalero, *2A*, *Víctor Ako*; *2B*, Antonio Meneses/flickr; *2C*, Alberto Carvalho/sxc; *2D*, Mon; *3A*, Alfonso Lima/sxc; *3B*, Mon; *3C*, Adrian Gtz/sxc; *3D*, Jean Scheijen/sxc; *4A*, Milacroft/123rf; *4B* y *4C*, Javier Lastras/flickr; *4D*, Baxtis/flickr; p. 120: *5A*, García Ortega; *5B*, Álvaro Ibanyez/flickr; *5C*, M. Peinado/flickr; *5D*, Sanja Gjenero/sxc; p. 121: *3*, Lyuba Dimitrova, LADA film; *4*, Ricardo Belver; p. 124: *2A*, Agata Urbaniak/sxc; *2B vaso*, Richard Dudley/sxc; *copa*, Mr. AHL/sxc; *café*, Jan Krat na/sxc; *botella*, Leslie Watts/sxc; *3A*, Jostein Hauge/dreamstime; *3B*, Lotus Head/sxc; *4A*, Lorena v-e/sxc; *4B*, Paulo Gonçalves/sxc. **examen 4** p. 125: *5A*, Olga Utlyakova/dreamstime; *5B*, Yuri Arcurs/dreamstime; *5C*, Ezioman/flickr; *5D*, Agata Urbaniak/sxc; p. 127: *A*, jhderojas/flickr; *B*, *Arráncame la vida*, Wanda Vision, S.A. (México 2008); *C*, Luis Pérez/flickr; *D*, Mónica Arellano-Ongpin/flickr; *E*, Jose Torres/sxc; *F*, Mon; *G*, Maldita la hora/flickr; *H*, A. Ramírez/flickr; *I*, Sylvain Weber/flickr; *J*, Oh-Barcelona/flickr; *0*, Lisa F. Young/dreamstime; *12*, Edith Moreno; *13*, Mon; *15*, Carme Balcells/dreamstime; *16*, Dmitry Pshek/dreamstime; p. 129: *0A*, Podius/dreamstime; *0B*, Eleasar Chriso/sxc; *0C*, Gokhan Okur/sxc; *0D*, Rene Cerney/sxc; *1A*, Alena Root/dreamstime; *1B*, Frank Kalero; *1C*, *1D y 2A*, Mon; *2B*, Félix Carretto/sxc; *2C*, Mon; *2D*, Philip Lange/dreamstime; *3A*, Mon; *3B*, *Tapas*, Tusitala P.C., S.L., Castelao Productions, S.A., Mónica Roza, Moro Films S.A. de CV (España 2005); *3C*, Jan Will/sxc; *3D*, Juan Fernández/flickr; *4A*, Dmitriy Shironosov/stockxpert; *4B*, Anita Charlton/dreamstime; *4C*, Michael Flippo/dreamstime; *4D*, Lisa F. Young/stockxpert; p. 130: *5A*, Mon; *5B*, Richard Thomas/dreamstime; *5C y 5D*, García Ortega; p. 134: *1A*, *1B*, *2A*, *2B*, *4A y 4B* Pilar Soria; *3*, Frank Kalero. **examen 5** p. 135: *5A*, Brano Hudak/sxc; *5B*, Stocksnapper/dreamstime; *5C*, Jean Scheijen/sxc; *5D*, Yaroslav B/sxc; *p. 138: piano y guitarra*, García Ortega; *piscina*, carreta/sxc; *baloncesto*, Rayanne Alves/sxc; *p. 139: 1A*, *1B*, *1C y 1D* Pilar Soria; *2A*, Nuria Bailón; *2B*, Arenacreative/dreamstime; *2C*, Mon; *2D*, Frank Kalero; *3A*, Erik Looije/dreamstime; *3B*, *3C y 3D*, Mon; *4A*, Jlmaral/flickr; *4B*, Asif Akbar/sxc; *4C*, M.Peinado/flickr; *4D*, Vladimix/flickr; *p. 140: 5A*, Rene Cerney/sxc; *5B*, Jason Boutsayaphat/sxc; *5C*, Christina Richards/dreamstime; *5D*, Ana y Paco Sancho/sxc; *p. 141: 3 y 4*, García Ortega; *p. 144: 2*, Javier Lastras/flickr; *3*, jmerelo/flickr; *4*, Michal Zacharzewski/sxc. *Las webs de las agencias: www.sxc.hu, www.flickr.com, www.dreamstime.com, www.stockxpert.com, www.123rf.com, www.gettyimages.com. Todas las fotografías de www.flickr.com están sujetas a una licencia de creative commons (Reconocimiento 2.0 y 3.0)*

Agradecimientos: Bibi Abelló, González Adriana, Sira Antoni, Núria Bailón, Manuel y Ricardo Belver, Mireia Boadella, Iñaki Calvo, Carolina Domínguez, Eli Capdevila, Nico Eshuis, Asun Fornés, Pablo Garrido, Adriana González, Helena Pelfort, Jordi Trunes, Carolin Ködel, Eva Llorens, Eulàlia Mata , María Manzanera, Txus Marrugat, Yolanda Mejías, Olga Mias, Edith Moreno, Pam, Helena Pelfort, Valeria Pérez, Pio Pinna, Roberto Ponce, Sonia Pueyo, Daniel y Paula Rico , Lucas y Dani Roca, Jesús Sánchez, Cristina Sánchez, Laia Sant, Sergi Tarragona, Terry Torres, Sergi Troitiño, Jordi Trunes y Pol Wagner.

ISBN: 978-84-8443-633-1
Depósito legal: B-33933-2012
Reimpresión: diciembre 2012
Impreso en España por Novoprint

difusión
Centro de Investigación y Publicaciones de Idiomas, S. L.

C/ Trafalgar, 10, entlo. 1ª
08010 Barcelona
Tel. (+34) 93 268 03 00
Fax (+34) 93 310 33 40
editorial@difusion.com

www.difusion.com

INTRODUCCIÓN

Los Diplomas de Español como Lengua Extranjera (DELE) son el título oficial más reconocido internacionalmente para acreditar el nivel de competencia y dominio de la lengua española. El nivel A1, al que dedicamos este libro, se incorporó en 2009 a los diplomas ya existentes en un proceso de armonización de los DELE con los niveles establecidos por el Consejo de Europa (A1, A2, B1, B2, C1 y C2).

El A1 es el primer paso en estas certificaciones y acredita la competencia lingüística necesaria para comprender y para utilizar expresiones básicas cotidianas, pero de uso frecuente, en situaciones de necesidad inmediata y en cualquier lugar del mundo de habla hispana.

Nuestro objetivo es preparar al alumno que se presenta al DELE A1 y ayudarle a superar esta prueba con éxito. Con este fin, hemos diseñado un manual práctico y de fácil manejo, estructurado en cinco unidades temáticas. En ellas, se ofrecen tanto los contenidos léxicos y gramaticales como los recursos para la comunicación y los referentes culturales exigidos en este nivel y especificados en los *Niveles de Referencia del Plan Curricular del Instituto Cervantes*.

LAS UNIDADES

- **Página de entrada**. Esta página presenta el índice de los contenidos léxicos, gramaticales y culturales, así como de los recursos para la comunicación que se trabajan a lo largo de la unidad. Hemos incluido, además, un asociograma en el que aparecen relacionados los contenidos temáticos con muestras de lengua que los ilustran. Su función es doble: por una parte, ayuda a visualizar de manera rápida los contenidos de la unidad y, por otra, sirve para familiarizarse con las dos tareas de la prueba de Expresión e interacción orales, donde se usan como estímulo de comunicación.
- **Actividades**. En las primeras páginas de la unidad, se propone una serie de actividades de práctica contextualizadas con las que el alumno podrá revisar y profundizar los contenidos propios de este nivel.

  Al lado de las actividades, hemos confeccionado unos recuadros esquemáticos de ayuda que presentan los recursos léxicos y gramaticales necesarios para llevar a cabo las actividades propuestas.

  Al final de esta sección, se presenta un nuevo asociograma, esta vez para que sea el alumno quien lo complete y así le sirva de recapitulación.
- **Resumen gramatical**. Hemos querido añadir un resumen gramatical donde se sintetizan y aclaran, a través de muestras de lengua, los contenidos gramaticales de cada una de las unidades.
- **Las claves**. Al final de cada unidad se encuentran las **claves** de las pruebas del examen. En ellas se describen y explican las tareas que componen las cuatro pruebas. Esta sección contiene:
  - Una tabla inicial con la descripción de cada una de las tareas de las cuatro pruebas (Comprensión de lectura, Comprensión auditiva, Expresión e interacción escritas y Expresión e interacción orales).
  - Un ejemplo de prueba para cada destreza, con sus soluciones y las explicaciones de las respuestas.
  - Las claves: una serie de consejos y llamadas de atención muy útiles que ayudarán al candidato a prepararse para cada una de las pruebas y a superarlas con éxito el día del examen. El objetivo es que el alumno conozca a la perfección todas las actividades que el examen puede proponer y que no tenga ninguna dificultad para entender su mecanismo.
  - **Más actividades para practicar**. Una o dos actividades suplementarias con las que el candidato podrá practicar la destreza de la prueba en cuestión.
  - En la unidad 5, la sección **Preparación al examen A1: todas las claves** resume en qué consisten las cuatro pruebas del DELE y, además, indica en qué página y unidad están las claves de cada tarea.

LOS EXÁMENES

Al final del libro, hemos incluido cinco modelos que reproducen fielmente los exámenes oficiales del DELE A1. En ellos se trabajan cuatro textos que corresponden a las cuatro tareas de la Comprensión de lectura, cuatro tareas de Comprensión auditiva, dos tareas para la Expresión e interacción escritas y cuatro tareas para practicar la Expresión e interacción orales.

La tarea 1 de Expresión e interacción orales la hemos incluido solamente en el primer modelo de examen puesto que en el examen del DELE A1 va a ser siempre la misma.

EL CD

Un CD audio recoge todas las audiciones del manual 3: en él se encuentran los documentos sonoros correspondientes a la sección **actividades**, a **las claves** y a los **exámenes**. De este modo, el candidato podrá entrenar cuantas veces desee sus habilidades de comprensión auditiva, tanto individualmente como en clase.

Solo nos queda desear a todos los que usen estas Claves para el DELE A1 que les sirva para superar este primer nivel de los Diplomas de Español.

¡Buena suerte!

ÍNDICE

1

Mis compañeros, mi familia, mis amigos y yo

En esta unidad vamos a conocer a los compañeros de clase y a hablar de nosotros, de nuestra familia y de nuestros amigos.

Para ello vamos a aprender:

Recursos para la comunicación

› Dar y pedir información personal › Rellenar formularios con los datos personales › Saludar y despedirse › Presentarnos y presentar a otros › Decir fechas y números › Hablar de motivos › Describir a personas

Léxico

› Información personal › Saludos y despedidas › Países › Los idiomas › La familia › La descripción de personas › Los colores

Gramática

› Uso de **tú** y de **usted** › Los pronombres personales › Las tres conjugaciones verbales: **-ar**, **-er**, **-ir** › Verbos **ser**, **tener** y **llamarse** › El género y el número de los sustantivoss › El género y el número de los adjetivos › Los numerales › El artículo determinado › Los posesivos › **Ser** y **estar** + adjetivo › Los interrogativos

Cultura

› Personajes hispanos famosos

Los compañeros
- Presentaciones y saludos – Hola. Soy Paco.
- Intercambiar información personal – ¿Cómo te llamas?
- Los idiomas – ¿Qué lenguas hablas?

La familia
- Describir – ¿Cómo es?
  - Aspecto físico – Ser alto.
  - Carácter – Ser bueno.
  - Estado civil – Estar soltero.
- Relaciones familiares – Es mi madre.

1 ¿Quién eres?

A. Relaciona las preguntas con las respuestas.

¿Cómo te llamas? ¿Cuáles son tus apellidos? ¿De dónde eres? ¿Dónde vives? ¿Cuántos años tienes? ¿A qué te dedicas? / ¿En qué trabajas? ¿Cuál es tu número de teléfono? ¿Tienes correo electrónico?	→	Soy profesor de español. En Barcelona. José Luis. Es el 697 367 855. Sí, es rambla_pep@mail.dif Soy español, de Burgos. Ramírez Blanco. 23.

- ¿Cómo te llamas?
- ¿Cuáles son tus apellidos?
- ¿De dónde eres?
- ¿Dónde vives?
- ¿Cuántos años tienes?
- ¿A qué te dedicas? / ¿En qué trabajas?
- ¿Cuál es tu número de teléfono?
- ¿Tienes correo electrónico?

→

- Soy profesor de español.
- En Barcelona.
- José Luis.
- Es el 697 367 855.
- Sí, es rambla_pep@mail.dif
- Soy español, de Burgos.
- Ramírez Blanco.
- 23.

B. Y tú, ¿puedes contestar a esas mismas preguntas? Completa el texto con esa información.

Me llamo .... y mi/s apellido/s es / son ....
Soy ...., de ...., pero / y vivo en ....
Tengo .... años y soy / trabajo de .... Mi número
de teléfono es el .... y mi correo electrónico ....

2 En la escuela de idiomas

A. Dos estudiantes extranjeros quieren inscribirse en una escuela de idiomas de Barcelona. Intenta completar las fichas de estos dos estudiantes con la información del recuadro. A continuación escucha los diálogos para comprobar tus respuestas.

Bai	6097877108	París	and_vita@mail.dif
17 de marzo de 1986		italiano	estudiante de Informática
Nápoles	Vitale	china	28

FICHA DE INSCRIPCIÓN

1. Nombre: Andrea
2. Apellido/s:
3. Nacionalidad/Lugar de nacimiento: /
4. Fecha de nacimiento:
5. Edad: 22
6. Lugar de residencia: Roma
7. Profesión:
8. Teléfono:
9. Correo electrónico:

FICHA DE INSCRIPCIÓN

1. Nombre:
2. Apellido/s: Chang
3. Nacionalidad/lugar de nacimiento: /Pekín
4. Fecha de nacimiento: 5 de agosto de 1982
5. Edad:
6. Lugar de residencia:
7. Profesión: profesora
8. Teléfono:
9. Correo electrónico: bai-chang@mail.dif

@ se dice arroba en español.
_ se dice guión bajo.
\- se dice guión.
. se dice punto.

Tú y usted

Normalmente, se usa **tú** en situaciones informales, entre conocidos y con personas jóvenes en general.
Se usa **usted** en situaciones más formales, cuando no conocemos a la persona, o con las personas mayores en general.
El verbo y los pronombres que acompañan a **usted** van en tercera persona.

¿Cómo **te** llam**as**? (**tú**)
→ ¿Cómo **se** llam**a**? (**usted**)
¿Cuál es **tu** apellido? (**tú**)
→ ¿Cuál es **su** apellido? (**usted**)

B. Vuelve a escuchar los diálogos anteriores y di en cuál de ellos se habla de **tú** y en cuál de **usted**. Pon algún ejemplo para cada uno.

En el diálogo 1 se habla de______________
....
....

En el diálogo 2 se habla de______________
....
....

C. Completa el cuadro con la forma del singular de los verbos más habituales para hablar de los datos personales.

	SER	TENER	LLAMARSE
yo			
tú			
él/ella/usted			
nosotros/nosotras	somos	tenemos	nos llamamos
vosotros/vosotras	sois	tenéis	os llamáis
ellos/ellas/ustedes	son	tienen	se llaman

D. Haz las preguntas necesarias a tu compañero para completar una ficha como la del apartado A con sus datos. Puedes consultar las preguntas de las grabaciones.

Preguntas útiles en clase

¿Perdón?
No entiendo.
¿Puede/s repetir?
¿Cómo se escribe?
¿Qué significa?

E. Ahora presenta a tu compañero al resto de la clase.

Hola a todos, esta es Chiara...

3 El blog de João

A. João es un joven brasileño que realiza un curso de verano en Barcelona y tiene un blog donde cuenta sus experiencias en la clase de español. Completa los adjetivos de nacionalidad de su texto con las terminaciones adecuadas.

mexican**o**/mexican**a**
mexican**os**/mexican**as**
francés/frances**a**
frances**es**/frances**as**
chipriota
chipriota**s**

Los adjetivos de nacionalidad se escriben con minúscula.

EL ESPAÑOL: UN ENCUENTRO DE CULTURAS

Sí, un encuentro de culturas, de países, de idiomas; esta es mi clase de español. Aquí tengo la oportunidad de compartir con personas de muy diversos países y de diferentes continentes esta nueva aventura para mí. Hablar sobre las nacionalidades en una clase así es muy interesante. ¿Queréis aprender conmigo algunas? Como sabéis, yo soy João, brasileñ_, de Río de Janeiro; pero quiero presentaros a mis compañeros. Susan y Robert son estadounidens____, de Chicago, y Said es un chico marroqu___, de Tetuán. En mi clase hay dos aleman_____, Klaus, que es un joven alem_______ de Hamburgo, y Katja, que es una chica alem_____ también, pero de Bremen. También hay un joven irland_____, de Dublín, que se llama Cathal, y un chico belg________ de Bruselas, su nombre es Didier. Ah, y mi compañera Katerina, que es grieg______, de Atenas, y Mariza de Mozambique. Ah, mi profesor es de Bilbao.

Para preguntar por la nacionalidad

- ¿De dónde eres (tú)?/ ¿De dónde es (usted)?
- ○ Soy española, de León. Y tú/usted, ¿de dónde eres/es?
- ¿Eres/Es griego?
- ○ No, soy italiano, de Perugia.
- ○ Sí, de Salónica.

Recuerda:
ser + nacionalidad
Es mexicano.
ser de + país
Es de Laos.
ser de + ciudad

Es argentino, **de** Salta.

Los nombres de países no llevan artículo, excepto en algunos casos como El Salvador. Pero algunos países pueden ir con o sin artículo: (la) India, (la) Argentina, (la) China, (el) Perú, (el) Brasil, (el) Congo, (los) Estados Unidos...

arquitecto/a
escritor/a
escultor/a
actor/actriz
pintor/a
director/a de cine
tenista
cantante
dibujante
futbolista
deportista

Es un **escritor** colombiano.
Es una **actriz** española.

! ● ¿A qué te dedicas?
○ ¿Soy ~~un~~ estudiante.

B. Completa el siguiente cuadro e incluye el país y la nacionalidad de João.

PAÍS	MASCULINO SINGULAR	FEMENINO SINGULAR	MASCULINO PLURAL	FEMENINO PLURAL
ESTADOS UNIDOS				
MARRUECOS				
JAPÓN		japonesa		
LA INDIA	hindú			
AUSTRALIA				australianas
ALEMANIA				
ISRAEL			israelíes	
....				

C. Ahora, haz un cuadro como el anterior con tu país, tu nacionalidad y la de tus compañeros. ¿Conoces más nombres de países en español? Inclúyelos en el cuadro.

4 ¿Los conoces?

Aquí tienes los nombres de una serie de figuras del mundo hispano. Pregunta a tus compañeros por los nombres que no conoces.

- *¿Sabes quién es Rafa Nadal?*
- ○ *Sí, es un tenista español.*

Fernando Botero
Penélope Cruz
Maitena
Gabriel García Márquez
Rafa Nadal
Pedro Almodóvar
Shakira
Federico Luppi
Gael García Bernal
Zoe Valdés
Leo Messi
Santiago Calatrava
Fernando Torres
Javier Bardem
Quino
Alejandro González Iñárritu

5 ¿Cuántas lenguas hablas?

Relaciona cada pregunta con la respuesta adecuada.

1. ¿Cuántas lenguas hablas?
2. ¿Sabes alemán?
3. ¿Sabes cómo se dice "gracias" en japonés?
4. ¿Hablar español es útil?
5. Quiero aprender chino.
6. Yo creo que el griego es fácil. ¿Y tú?
7. Hablo seis idiomas.

a. No, solo sé decir "hola" y "adiós".
b. Bueno, sí, pero también hablar inglés o francés, ¿no?
c. ¿Sí? Yo solo tres.
d. Pues tres: español, árabe e italiano.
e. Sí, se dice arigato.
f. ¿Sí? Yo creo que es muy difícil.
g. Sí, yo también creo que no es muy difícil. Es una lengua fácil de aprender y muy interesante.

6 ¿Por qué estudias español?

3 **A.** Vas a escuchar a una serie de personas que estudian español. ¿Por qué lo hacen? Relaciona los nombres con las respuestas que han dado.

- [ ] 1. Ding es una joven china que estudia español
- [ ] 2. Lucile es una chica belga que quiere aprender español
- [ ] 3. Barbara es una chica alemana que estudia español
- [ ] 4. Sandra es una joven italiana que aprende español
- [ ] 5. Olivier es un hombre francés que estudia español
- [ ] 6. Wang Bing es una mujer china que quiere aprender español
- [ ] 7. Veronika es una estudiante austríaca que estudia español
- [ ] 8. Francesco es un estudiante suizo que aprende español
- [ ] 9. Brooke es una estudiante canadiense que estudia español
- [ ] 10. Maarja es una mujer estonia que estudia español

A- para leer libros españoles e hispanoamericanos.
B- por su trabajo.
C- para ver películas españolas en versión original.
D- para viajar por Hispanoamérica.
E- porque le gustan los idiomas.
F- para ser profesor de español.
G- para escuchar canciones en español.
H- para hablar con sus amigos argentinos.
I- para ir a estudiar a España.
J- porque su novia es mexicana.

3 **B.** Escucha de nuevo y comprueba.

C. Ahora, pregunta a uno o a dos compañeros por las lenguas que hablan y cómo lo hacen, y por qué estudian español. Otro compañero te lo preguntará también a ti, prepara tus respuestas.

- ¿Qué lenguas hablas?
- ○ Pues hablo portugués, porque es mi lengua materna, pero también hablo inglés bastante bien y un poco de ruso.
- Y, ¿por qué estudias español?

Hablo alemán **muy bien**.
Hablo **bastante bien** portugués.
Hablo ruso **regular** = Hablo **un poco de** ruso.
Hablo japonés, pero **muy mal**.

- ¿**Por qué** estudias español?
- ○ **Porque** quiero viajar por Hispanoamérica.
- ○ ¿**Para** escuchar y **para** entender canciones españolas.

D. Completa el cuadro con las terminaciones del Presente de estos verbos.

VERBOS REGULARES

	AR	-ER	-IR
yo	habl-o	aprend-o	escrib-o
tú	habl-	aprend-	escrib-
él/ella/usted	habl-	aprend-	escrib-
nosotros/as	habl-	aprend-	escrib-
vosotros/as	habl-	aprend-	escrib-
ellos, ellas, ustedes	habl-	aprend-	escrib-

Más verbos regulares en **-ar**: trabajar, ____________
en **-er**: leer, ____________
en **-ir**: vivir, ____________

! El verbo **saber** se conjuga como los verbos que terminan en **-er**, excepto la primera persona del singular que es irregular: (yo) **sé**.

1 uno
2 dos
3 tres
4 cuatro
5 cinco
6 seis
7 siete
8 ocho
9 nueve
10 diez
11 once
12 doce
13 trece
14 catorce
15 quince
16 dieciséis
17 diecisiete
18 dieciocho
19 diecinueve
20 veinte
21 veintiuno
22 veintidós
23...
30 treinta
31 treinta y uno
32 ...
40 cuarenta
50 cincuenta
60 sesenta
70 setenta
80 ochenta
90 noventa
100 cien
101 ciento uno
155 ciento cincuenta y cinco
200 doscientos
300 trescientos
400 cuatrocientos
500 quinientos
600...
1000 mil
1700 mil setecientos
2000 dos mil
3000 ...

E. Tú y tus compañeros queréis hacer un intercambio con otras personas para practicar idiomas. Prepara un texto en forma de anuncio para colgarlo en la página web del centro donde estudias.

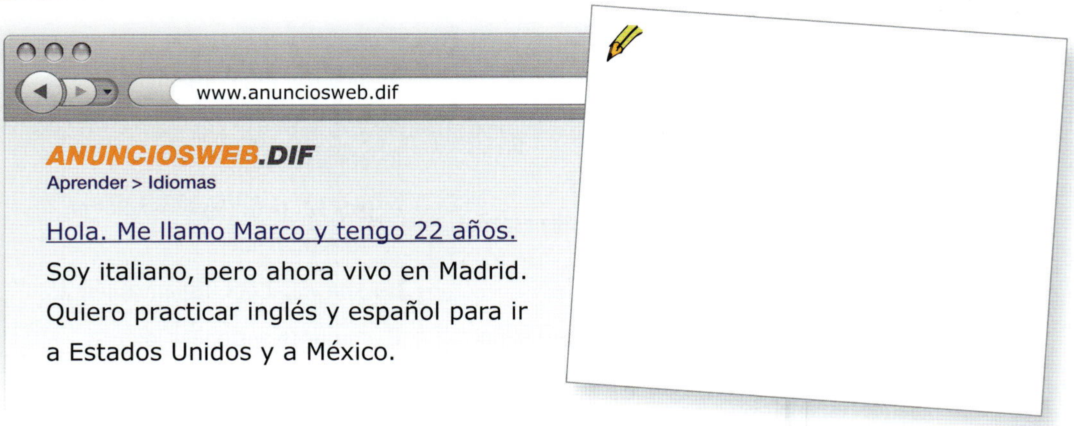

7 ¿Cuántos años tienes?

A. Escribe los números siguientes con letras tal como están agrupados.

- 949 ______ 29 ______ 20 ______ 93 ______
- 6 ______ 9 ______ 7 ______ 1 ______ 2 ______ 3 ______ 8 ______ 1 ______ 4 ______ 0 ______ 5
- 6 ______ 9 ______ 4 ______ 55 ______ 34 ______ 105 ______
- 1982 ______
- 1992 ______
- 26 ______
- 6 ______ 82 ______ 33 ______ 77 ______
- 96 ______

B. A continuación escucha los diálogos y relaciónalos con el número correspondiente.

C. Los números anteriores corresponden a los siguientes conceptos. Antes de volver a escuchar los diálogos comenta con un compañero a qué se refiere cada número.

un número de DNI o carné de identidad **un teléfono fijo**
un número de una cuenta bancaria **un teléfono móvil** **una edad**

- *El número 26 es una edad, ¿verdad?*
- *Sí.*

D. Vuelve a escuchar los diálogos y comprueba.

8 Tengo veintiuna razones para...

En parejas, escribid cinco razones para hacer las siguientes cosas. Podéis inventar otras series.

- Cinco razones para aprender español.
- Cinco razones para decirte que "te quiero".

Tengo cinco razones para decirte que te quiero.
Una: porque eres guapo/a.
Dos: porque tienes dinero...

9 Mi familia

A. Aquí tienes una familia española: la de Antonio y Alicia. Completa el árbol genealógico con las relaciones que faltan.

- Antonio es el **marido** de Alicia.
- Alicia es la **abuela** de Paula.
- Antonio es el **padre** de Raquel.
- Raquel es la **tía** de Paula.
- Paula es la **hija** de Miguel y Lola.
- Raquel es la **hermana** de Miguel.
- Roberto es el **nieto** de Antonio.
- Roberto es el **sobrino** de Miguel.
- Paula es la **prima** de Roberto.

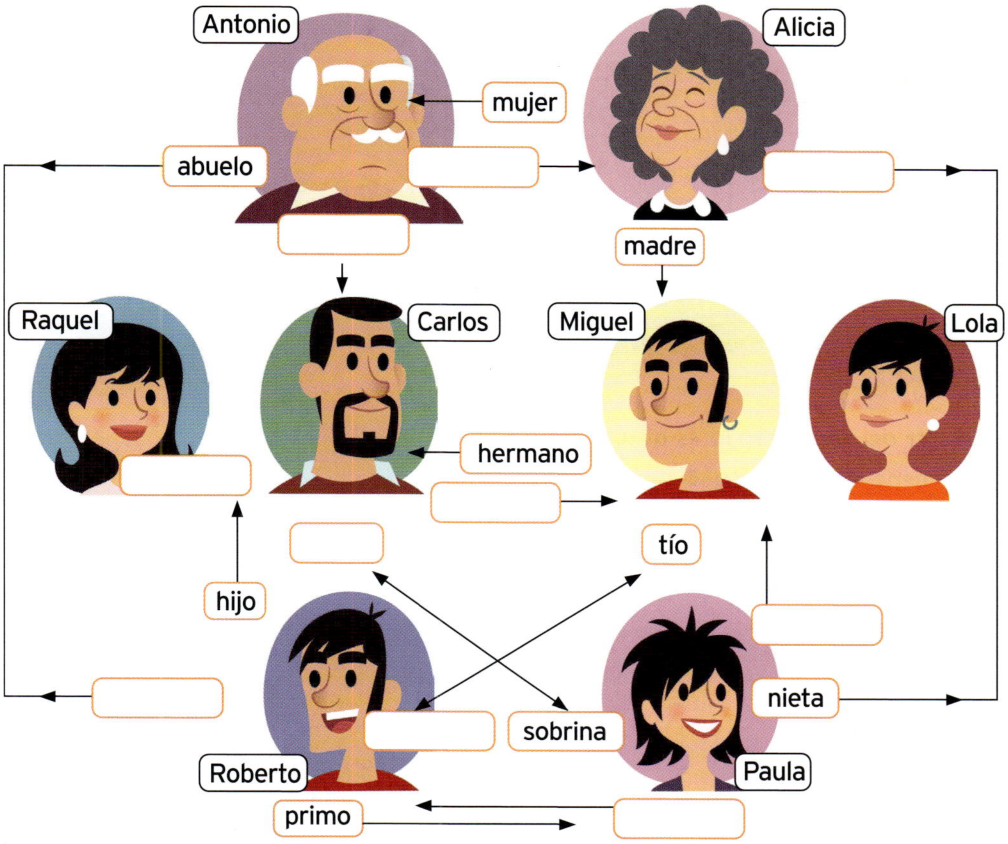

mi madre
mis hermanos
tu padre
tus primas
su hija
sus hijas

Estado civil

estar	soltero/a casado/a separado/a divorciado/ a
ser	soltero/a viudo/a

B. Usa los posesivos correspondientes según quién habla.

Carlos habla de su familia:

Antonio y Alicia son *mis padres.*

Miguel es ....

Paula es ....

Raquel es ....

Yo hablo de la familia de Roberto:

Antonio y Alicia son ....

Miguel es ....

Paula es ....

Raquel es ....

C. Escribe el nombre de algunos de tus familiares. Un compañero te hará preguntas para saber quiénes son y qué relación tienes con ellos. Haz lo mismo con los familiares de tu compañero.

Peter Anne Claire Rita Arthur Alice Bob

- ¿Peter es tu hermano?
- No, es mi padre. Yo no tengo hermanos, tengo dos hermanas.
- Cómo se llaman tus hermanas?
- Claire y Rita.
- ¿Están casadas?
- Claire sí, pero Rita está divorciada.
- ¿Tu hermana Claire tiene hijos?
- No, pero mi hermana Rita sí. Tiene un hijo, mi sobrino Arthur, etc.

D. Ahora presenta los familliares de tu compañero al resto de la clase.

Los padres de John se llaman Peter y Anne. Tiene dos hermanas, Claire y Rita. Su hermana Claire está casada y no tiene hijos, pero su hermana Rita está divorciada y tiene un hijo, el sobrino de Claire, que se llama Arthur. John está soltero, pero tiene novia, Alice. También tiene un perro, que se llama Bob.

10 ¿Cómo son?

Describir el aspecto físico

ser alto/a, bajo/a, rubio/a, moreno/a
...

tener el pelo rubio
los ojos claros
la nariz grande
...

! Ahora **está** muy delgado.

Para destacar a una persona de un conjunto:
La mujer del vestido rojo.
El chico alto de ojos verdes.
El niño de gafas.
El hombre que lleva gafas.
La chica que tiene el pelo largo.

ser simpático/a
antipático/a
sociable
...

A. Escribe debajo de cada dibujo una pequeña descripción de las personas que hay en él.

1

La mujer del vestido rojo es alta, delgada y tiene el pelo corto. El chico también es delgado y alto, pero tiene barba y el pelo largo.

2

3

4

5

6

12/17 **B.** Escucha los diálogos y relaciónalos con los dibujos del apartado A.

C. Ahora, describe a alguien de la clase pero sin decir su nombre. Los demás compañeros tienen que averiguar de quién estás hablando.

Es una chica muy joven con los ojos negros. Tiene el pelo largo y es un poco tímida.

Claro y **oscuro** no son colores, pero los usamos para hablar del color de las cosas.

La falda es **oscura**.
Tiene los ojos **claros**.

11 ¿De qué color son las palabras ?

A. Las palabras que están en el cuadro, ¿qué color tienen para ti? Ponlas al lado del color que tú elijas.

la noche · el día · la ciudad · el mar · la naturaleza
el amor · la amistad · la risa · el calor · el frío

ROJO
____
____
____

VERDE
____
____
____

BLANCO
____
____
____

AMARILLO
____
____
____

NARANJA
____
____
____

NEGRO
____
____
____

AZUL
____
____
____

MARRÓN
____
____
____

GRIS
____
____
____

La risa es de color verde.

B. ¿Qué colores has escogido? Añade ahora en cada color dos o tres palabras más. Pueden ser cosas que tienen ese color.

12 Tu asociograma

Completa ahora tu propio esquema con lo que has aprendido en esta unidad. Fíjate en el que tienes en la portada de la unidad.

PRESENTACIONES, SALUDOS Y DESPEDIDAS

Presentar a otros

● *Hola. Esta es Ana.*
● *Hola. Este es el señor García Montero.*
○ *Encantado.*

Presentarse uno mismo

● *Hola. Soy Pedro.*
○ *Hola. / Hola, ¿qué tal?*

Presentarse a uno mismo y preguntar por los demás

● *Hola. (Yo) Soy Dani, ¿y tú?*
● *Hola. Yo me llamo Dani, ¿y tú cómo te llamas?*
○ *Hola. Yo soy Eva.*

Saludar

Hola. Buenos días/Buenas tardes/Buenas noches.

Despedirse

Adiós.
Adiós, buenos días/tardes/noches.
Hasta mañana/el martes/esta tarde/la noche.
Chao.

PRONOMBRES PERSONALES EN FUNCIÓN DE SUJETO

1ª persona del singular	yo		
2ª persona del singular	tú	usted	
3ª persona del singular	él	ella	
1ª persona del plural	nosotros	nosotras	
2ª persona del plural	vosotros	vosotras	ustedes
3ª persona del plural	ellos	ellas	

Yo *soy de Madrid, ¿y* ***tú****?*

*¿****Tú*** *eres profesor aquí?*
¿Es ***usted*** *el padre de Montse?*

Él *es cubano, pero* ***ella*** *es española.*

● ***Nosotros*** *estudiamos español aquí.*
○ *¿Sí?* ***Nosotras*** *también.*
● *¿****Vosotros*** *trabajáis en España?*
○ *Sí. ¿Y* ***vosotras****?*

Ellos *son españoles y trabajan aquí de profesores.* ***Ellas*** *son de diferentes lugares y estudian en la universidad.* ***¿Ustedes*** *aprenden español?*

! En español no es necesario el uso de estos pronombres en función de sujeto porque la terminación de los verbos nos da información sobre la persona. Pero cuando queremos resaltar el sujeto, o cuando puede haber confusión, sí lo usamos.

Hola. ø Me llamo Ana y ø soy vuestra nueva profesora.
Pero:
Yo *soy española, pero* ***él*** *es italiano.*

EL ARTÍCULO DETERMINADO

	masculino	femenino
singular	el	la
plural	los	las

¿Este es ***el*** *novio de Ana?*
Esta es ***la*** *hermana de Pedro.*

Los *hijos de Pep son muy altos.*
Estas son ***las*** *hijas de Marta.*

FORMAS ÁTONAS DE LOS POSESIVOS

		singular	plural
un poseedor	(yo) (tú) (él, ella, usted)	mi tu su	mis tus sus
varios poseedores	(nosotros/as) (vosotros/as) (ellos/ellas/ustedes)	mi tu su	nuestros/nuestras vuestros/vuestras sus

Ana es la novia de ***mi*** *hermano Ricardo.*
¿Estas son ***tus*** *compañeras de clase?*

Estos son Carolina y ***su*** *padre (=* ***de ella****).*
Señores pasajeros, ***su*** *pasaporte, por favor (=* ***de ustedes****).*

Sergio y Sofía son ***nuestros*** *hijos.*
¿El señor Mejías es ***vuestro*** *padre?*

LOS NÚMEROS

uno (1) veinti**uno** (21) treinta y **uno** (31) cuarenta y **uno** (41)	pero	**un** hermano/**una** hermana veintiún chic**os**/veinti**una** niñ**as** treinta y **un** suec**os**/treinta y **una** frances**as** cuarenta y **un** añ**os**/cuarenta y **una** chic**as**

Yo sé ***unas trescientas*** *palabras en japonés.*
Vivo en el número (21) ***veintiuno*** *de la calle Alameda.*
Tengo (21) ***veintiún*** *años. / Tengo (21)* ***veintiuna*** *postales.*

EL GÉNERO Y EL NÚMERO DE LOS SUSTANTIVOS

sustantivos de personas o de animales	masculino singular y plural	femenino singular y plural
terminados en **-o**	niñ**o**/niñ**os** perr**o**/perr**os**	niñ**a**/niñ**as** perr**a**/perr**as**
terminados en **-r**	señor/señor**es**	señor**a**/señor**as**
terminados en **-e**	el estudiant**e**/ los estudiant**es**	la estudiant**e**/ las estudiant**es**
Terminados en **-e** con diferente forma para el masculino y el femenino.	hombr**e**/hombr**es** padr**e**/padr**es**	**mujer/mujeres** **madre/madres**

! Algunos sustantivos que se refieren a cosas solo tienen un género.

Masculinos: *el diccionario, el libro...* **pero:** *la moto, la foto.* Femeninos: *la palabra, la naturaleza...* **pero:** *el día, el mapa.*

LOS ADJETIVOS CALIFICATIVOS Y DE PROCEDENCIA: GÉNERO Y NÚMERO

adjetivos	masculino singular y plural	femenino singular y plural
Terminados en **-o**	alt**o**/**os** simpátic**o**/**os** italian**o**/**os**	alt**a**/**as** simpátic**a**/**as** italian**a**/**as**
Terminados en **-or**	trabajador/ trabajador**es**	trabajador**a** trabajador**as**
Terminados en vocal tónica + consonante.	catal**án**/catalan**es** franc**és**/franc**és** españ**ol**/español**es** andal**uz***/andalu**ces** *-z + es = ces	catalan**a**/catalan**as** frances**a**/**as** español**a**/**as** andaluz**a**/**as**
Terminados en **-a, -e, -i, -u** o en consonante (**-l, -n, -r, -s, -z**). Tienen la misma forma para el masculino y el femenino.	belg**a**/belg**as** elegant**e**/elegant**es**, verd**e**/verd**es** estadounidens**e**/estadounidens**es** marroqu**í**/marroqu**íes** azu**l**/azu**les** feli**z**/feli**ces**	

! **Mayor** y **menor** tienen la misma forma para los dos géneros.

*Este es mi hermano **mayor**.*
*Esta es mi hermana **menor**.*
*Estos son mis hermanos **mayores**.*
*Estas son mis hermanas **menores**.*

! Si queremos intensificar lo expresado por el adjetivo, podemos usar el adverbio **muy**.

*Juan es **muy** simpático / alegre / joven.*

PRESENTE DE INDICATIVO: VERBOS REGULARES

	-ar	-er	-ir
yo	habl**o**	aprend**o**	escrib**o**
él/ella/usted	habl**a**	aprend**e**	escrib**e**
nosotros/as	habl**amos**	aprend**emos**	escrib**imos**
vosotros/as	habl**áis**	aprend**éis**	escrib**ís**
ellos, ellas, ustedes	habl**an**	aprend**en**	escrib**en**

Más verbos regulares en
-ar: trabaj**ar**, estudi**ar**, escuch**ar**, viaj**ar**.
-er: le**er**, cre**er** com**er**, corr**er**.
-ir: viv**ir**.

LOS INTERROGATIVOS

Para preguntar por...	Interrogativo
personas	**quién/quiénes**
cantidad	**cuánto/a/os/as**
procedencia	**de dónde**
una persona o una cosa dentro de un conjunto	**cuál/cuáles**
una causa o razón	**por qué**

*¿**Quién** es? ¿**Quiénes** son?*
*¿**Cuántos** hermanos tienes?*
*¿**De dónde** eres?*
*¿**Cuál** es tu número de teléfono?*
*¿**Cuáles** son tus libros?*
*¿**Por qué** estudias español*

! Todos los interrogativos llevan tilde.

ALGUNOS USOS DE SER ESTAR Y TENER

ESTAR	SER	TENER
estoy	soy	tengo
estás	eres	tienes
está	es	tiene
estamos	somos	tenemos
estáis	sois	tenéis
están	son	tienen

Estado civil

Estar + soltero/a.
casado/a.
separado/a.
divorciado/a.

Ser soltero/a.
viudo/a.

Para describir físicamente

ser alto/a, bajo/a, gordo/a, delgado/a, guapo/a, feo/a...
ser rubio/a, moreno-a

tener el pelo rubio/moreno/blanco
tener los ojos claros/oscuros/azules/verdes/negros/marrones
tener la nariz grande/pequeña
tener/llevar barba/bigote/gafas

! Para describir el estado actual de alguien cuyas características no solían ser así usamos:

estar + adjetivo
Ahora está muy delgado.

Para describir el carácter

ser + adjetivo
simpático/a
antipático/a
serio/a
trabajador/a
tímido/a
sociable
agradable
alegre
inteligente.

Para intensificar

ser muy + adjetivo
***Es muy** alegre.*

Para hablar del estado

estar + adverbio (bien/mal)
- *¿Cómo **estás**?*
- *Hoy **estoy bien**, gracias.*

COMPRENSIÓN DE LECTURA LAS CLAVES DE LA TAREA 1

En qué consiste	Formato	Tipo de texto
Esta prueba se compone de cuatro tareas que incluyen 25 ítems. La duración total de la prueba es de 45 minutos. En esta tarea tienes que comprender mensajes breves y sencillos, de unas 100 palabras, transmitidos a través de postales, correos electrónicos, etc.	Consta de 5 ítems de respuesta preseleccionada. Debes elegir una respuesta que complete la frase propuesta entre las 4 opciones dadas (A, B, C o D). Las opciones de respuesta del ítem número 5 suelen ser dibujos.	Son textos breves como cartas, correos electrónicos, tarjetas postales, etc., presentados en el formato propio del género.

Instrucciones

Lee este correo electrónico y responde a cinco preguntas sobre el texto. Elige la respuesta correcta (A, B, C o D).

Marca las opciones seleccionadas en la **Hoja de respuestas**.

En el examen, las instrucciones van redactadas en la forma de **usted**.

No olvides contestar en la **Hoja de respuestas**.

Para: Pedro@mail.dif
Cc:
Asunto: Foto de aniversario de los papás

Adjunto: fotoPacoyManuela.jpg

Hola, Pedro:
Te envío la foto de la fiesta de aniversario de papá y mamá. Cuarenta años casados, ¿eh? Es una foto muy bonita y estamos todos estupendos, especialmente mamá. Parece mi hermana mayor.
En el trabajo me preguntan por la chica que está a tu lado. Es que tu novia Monique es muy guapa. La verdad es que sois una pareja original: tú, moreno, con el pelo largo y barba, y con los ojos negros; y ella con el pelo corto y rubio, y con los ojos azules. Además, ella es muy alta y tú, a su lado, pareces muy bajo...
¿Has visto a Ángela y Carlota? Están muy guapas también, ¿verdad? Sí, sí, yo soy su madre pero Guillermo, mi compañero del trabajo, también lo dice...
¿Y papá? Él no es serio, pero en la foto con las gafas y el bigote... Bueno, hermanito, ya hablamos el domingo en tu casa, ¿vale?

Besos.

Alicia

Ejemplo

1. Alicia escribe un correo electrónico a Pedro para...

a. comentar un acontecimiento familiar.
b. enviarle una fotografía.
c. hablarle de su novia
d. decirle que va a ir a su casa el domingo.

2. Los padres de Alicia...

a. son viudos.
b. están separados.
c. están casados.
d. son solteros.

3. Ángela y Carlota son...

a. primas de Pedro.
b. sobrinas de Monique.
c. familiares de Guillermo.
d. nietas de Paco y Manuela.

4. Monique es...

a. la novia de Pedro.
b. un familiar de Pedro.
c. una antigua novia de Pedro.
d. una compañera de trabajo de Pedro.

5. Monique y Pedro son ...

1	2	3	4	5
b	c	d	a	c

EXPLICACIÓN DE LAS RESPUESTAS

1-B: En el correo electrónico, en la palabra "asunto", donde se suele poner el tema o la causa principal del mensaje, dice: "la foto del aniversario de los papás". Y el correo electrónico comienza con: "te envío la foto del aniversario de papá y mamá". Se habla de los otros temas que aparecen en el resto de opciones, pero no son la razón principal.

2-C: Alicia habla del aniversario de sus padres, que hace cuarenta años que están casados. Eso significa que la fiesta de aniversario es para celebrar estos años que están casados.

3-D: Si Ángela y Carlota son hijas de Alicia, entonces son las nietas de los padres de Alicia.

4-A: Monique es la novia de Pedro. No puede ser la respuesta B porque todavía no son una familia. La respuesta C tampoco, porque Monique es su actual pareja no una novia del pasado. Y la D tampoco, porque no se dice en el texto si trabajan juntos o no.

5-C: Es el único dibujo en el que aparecen correctamente todas las descripciones físicas de los dos. Observa con atención la parte del texto donde se hace la descripción: "tú, moreno, con el pelo largo y barba, y con los ojos negros; y ella con el pelo corto y rubio, y con los ojos azules".

Antes de leer el texto, observa con atención el tipo de texto que es. Normalmente se trata de una carta o tarjeta postal, un correo electrónico o un texto similar. En estos textos siempre aparece una persona que escribe, el remitente, y otra que recibe el mensaje, el destinatario. Busca qué relación tienen entre sí porque te puede ayudar a entender mejor el contenido del mensaje. ¿Son familia? ¿Son amigos? ¿Son compañeros de trabajo?

Luego haz una lectura rápida para captar la idea global del texto. Cuando es un correo electrónico el tema puede aparecer al lado de la palabra "asunto". Después haz una lectura más detallada, buscando la información de las preguntas.

En este nivel normalmente no hay que interpretar el contenido del texto. Todas las respuestas aparecen claramente en el mensaje. Normalmente, la primera pregunta es general, para ver si entiendes el significado global. Puede ser sobre el tema del mensaje o por qué se escribe. No es necesario que comprendas todas las palabras. El contexto te puede ayudar.

Lee muy bien y tranquilamente las opciones. ¿Entiendes todas las palabras y las frases? A continuación relaciona cuidadosamente las palabras o las frases que corresponden con la información que se pide. No es necesario ir rápido. Puedes volver más tarde si en ese momento no recuerdas lo que significa una palabra.

Más actividades para practicar la comprensión de lectura

1. Algunas personas han contestado a un pequeño cuestionario para saber cómo son las familias españolas. Lee las declaraciones y completa las frases del cuadro con los datos de las personas a las que se refieren.

Sociedad

¿CÓMO SON LAS FAMILIAS ESPAÑOLAS?

¿Es muy grande tu familia? ¿Con quién vives? ¿A qué te dedicas?

Me llamo **Antonio** y tengo 45 años. Soy arquitecto. Mi familia es bastante grande. Tengo cinco hermanos, dos chicas y tres chicos, y todos estamos casados y tenemos hijos. Yo tengo un niño de 10 años y una niña de 8, y nueve sobrinos. Vivo con mi mujer y mis hijos.

Mi nombre es **Isabel** y tengo 20 años. Mi familia no es muy grande. Yo no tengo hermanos y mis padres están separados. Actualmente vivo con mi madre y con mis abuelos. Soy estudiante de Farmacia.

Me llamo **Teresa** y tengo 75 años. Tengo dos hijos y tres nietos. Soy viuda y vivo sola. Ahora estoy retirada, pero trabajo porque soy ama de casa.

Me llamo **Álex** y tengo 38 años. Estoy divorciado y tengo dos hijos, Iván, de 5 años, de mi primer matrimonio, y Ana, de 1 añito, de mi pareja actual, Claudia. Vivo con ella, y con nuestra hija. Soy profesor de matemáticas.

Soy **Mario** y tengo 13 años. Tengo dos hermanas, María Teresa y María Victoria, y tres primos, dos chicos y una chica. Vivo con mis padres, mis primos y mis tíos en la casa de la familia de mi madre. Somos doce con mis abuelos y el gato de mi prima Eva. Ah, soy estudiante de secundaria.

Soy **Laura**, de 24 años. Tengo una hermana, Lucía, de 26 años, que vive con su novio, pero no están casados. Ella es la mayor de los tres, porque tengo un hermano pequeño, Alberto, de 16, que todavía estudia. Yo vivo todavía en casa de mis padres, porque estoy en paro.

1. El arquitecto tiene .... hijo/s.
2. La niña que tiene un año es hija de .... y de........................
3. La estudiante de Farmacia se llama ....
4. La chica que está en paro tiene .... hermanos.
5. La prima del estudiante de secundaria tiene un ....
6. La joven que vive con su novio está ....

COMPRENSIÓN AUDITIVA LAS CLAVES DE LA TAREA 1

En qué consiste	Formato	Tipo de texto
La prueba de comprensión auditiva está compuesta por cuatro tareas que incluyen 25 ítems. La duración total de la prueba es de 20 minutos. En esta tarea vas a escuchar diálogos o intercambios conversacionales muy breves y sencillos, de dos o tres turnos entre dos interlocutores. Los vas a oír dos veces. Debes captar la idea general, y datos específicos sobre asuntos cotidianos o áreas de necesidad inmediata y debes relacionarlos con las imágenes correspondientes.	Consta de 5 ítems de respuesta preseleccionada. Debes elegir una respuesta entre las cuatro imágenes propuestas.	Diálogos muy breves (dos o tres turnos) entre dos interlocutores, sobre asuntos cotidianos o áreas de necesidad inmediata.

18

Instrucciones

A continuación vas a escuchar cinco diálogos entre dos personas. Vas a oír cada diálogo dos veces. Después de la segunda audición marca la opción correcta en la **Hoja de respuestas**.

En el examen, las instrucciones van redactadas en la forma de **usted**.

No olvides contestar en la **Hoja de respuestas**.

Ejemplo

0. ¿Quién es su hermana?

0	A	B	C	D
	x			

1. ¿Cómo le puede mandar la información?

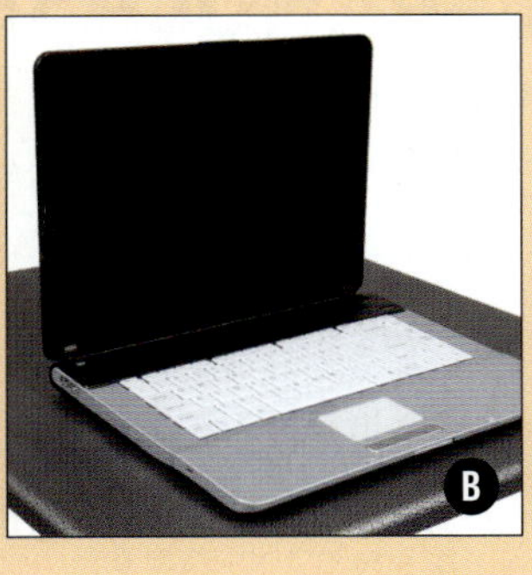

2. ¿Qué diccionario necesita?

3. ¿Cuál es su coche?

4. ¿Quién es su hijo?

5. ¿Dónde está?

Transcripción del audio

DIÁLOGO 0

- *La de blanco, ¿quién es?*
- *Es mi hermana, en el día de su boda.*

DIÁLOGO 1

- *¿Cuál es tu número de teléfono? Te llamo y te doy toda la información.*
- *No, yo no tengo teléfono, ni fijo, ni móvil. Puedes enviarme la información por correo electrónico.*

DIÁLOGO 2

- *¿Sabes cómo se dice esta palabra en español? Mi nivel de inglés no es muy bueno.*
- *Pues yo hablo muy bien francés y alemán, pero tampoco sé mucho inglés.*
- *¿Tienes un diccionario para buscarla?*

DIÁLOGO 3

- *Qué coche tan bonito.*
- *Sí. Este modelo de dos puertas en rojo es muy elegante.*

DIÁLOGO 4

- *Y este niño tan guapo y moreno, ¿quién es?*
- *Es mi hijo Carlos. Y sí, es muy moreno. Su padre también tiene los ojos negros.*

DIÁLOGO 5

- *¿Adónde vas?*
- *Voy a coger el avión para Estados Unidos. Es que mi novia es de allí.*

Explicación de las respuestas

El diálogo 0 se corresponde con la imagen A porque la descripción coincide con las dos cosas que se piden. Va vestida de blanco y es el día de su boda. En las otras imágenes solo hay una coincidencia: la persona va vestida de blanco por motivos de trabajo o va vestida para su boda pero de otros colores, o tiene el pelo blanco, pero no la ropa.

El diálogo 1 se corresponde con la imagen B porque la persona solo tiene correo electrónico. El ordenador es el único aparato de los que aparecen que le permite usarlo.

El diálogo 2 se corresponde con la imagen A porque la persona necesita una palabra en inglés, que es precisamente la lengua que no conoce bien su interlocutor y por eso no le puede ayudar.

El diálogo 3 se corresponde con la imagen D porque se dan las dos coincidencias que se mencionan en el diálogo. Su coche es rojo y de cuatro puertas. Los demás coches solo comparten una coincidencia.

El diálogo 4 se corresponde con la imagen C porque coincide la imagen del niño exactamente con la descrita en el diálogo: niño moreno o con ojos negros. En los demás casos no coinciden todos los datos expresados con las fotografías.

El diálogo 5 se corresponde con la imagen B porque el hombre va en avión a Estados Unidos. Si va en avión, está en un aeropuerto, claro.

Recuerda que el primer diálogo con la primera serie de imágenes es el ejemplo. Se trata del diálogo 0. Tú debes responder a partir del diálogo 1.

Antes de escuchar cada diálogo, observa con atención las cuatro fotografías para estar seguro de que entiendes qué situación reflejan y si te son familiares. Piensa en expresiones o en mensajes que pueden aparecer en esa situación. A continuación escucha e intenta relacionar las coincidencias de lo que escuchas con lo que ves.

Vas a escuchar los diálogos dos veces y entre la primera y la segunda vez tienes cinco segundos. Observa de nuevo aquello que pienses que no has entendido bien para escuchar con atención la parte del diálogo donde está la información que buscas.

Después de escuchar dos veces, marca la opción correcta (A, B, C o D) en la hoja de respuestas, y comienza a mirar las imágenes del siguiente diálogo que vas a escuchar. Tienes 10 segundos para ello.

Más actividades para practicar la comprensión auditiva

19 **1. Vas a escuchar cuatro mensajes muy breves. Relaciona los textos con las imágenes.**

20 **2. Escucha la presentación que hace un profesor de español para sus alumnos. Completa las frases con sus datos.**

- Me llamo ....(1)................ y mis apellidos son ....(2)................
- En relación con mi nacionalidad soy ....(3)................ de ....(4)................
- Tengo ....(5)................ años y soy ....(6)................ de profesión, pero también soy traductor de francés.
- Sé tres ....(7)................: español, francés y alemán. Vivo en ....(8)................
- Estoy ....(9)................ y tengo ....(10)................ hija.
- Mi teléfono de ....(11)................ es el del trabajo.
- Mi correo electrónico es: ....(12)................

COMPRENSIÓN E INTERACCIÓN ESCRITAS

LAS CLAVES DE LA TAREA 1

En qué consiste	Formato	Tipo de texto
La prueba de expresión e interacción escritas está compuesta por dos tareas. La duración total de la prueba es de 25 minutos. Esta tarea consiste en escribir datos personales básicos y frases sencillas sobre ti o sobre tu entorno inmediato.	Debes completar un formulario con campos de respuesta breve en el que se pide información personal básica o sobre temas de necesidad inmediata.	Se trata de un formulario electrónico o en papel.

Instrucciones

Un amigo tuyo quiere inscribirse en un curso de preparación para el examen de español de A1 y le ayudas a completar el siguiente formulario.

En el examen, las instrucciones van redactadas en la forma de **usted**.

No olvides contestar en la **Hoja de respuestas**.

difusión

CURSO PARA LA PREPARACIÓN DEL EXAMEN DE ESPAÑOL DIFUSELE A1

Formulario de INSCRIPCIÓN

Nombre:

Apellido(s):

Mujer:

Hombre:

Fecha de nacimiento:

Día Mes Año

Lugar de nacimiento:

País:

Dirección postal habitual:

Calle:

Localidad:

País:

Código postal:

Tel: Correo-e:

Curso:

Describe brevemente qué otras lenguas hablas y cómo las hablas, las escribes, las lees o las entiendes.

Lee bien el formulario para comprobar que entiendes toda la información que se pide. Algunos datos aparecen siempre en todos los formularios, como el nombre, el apellido o la edad. Recuerda muy bien, por ejemplo, la diferencia entre nombre y apellido.

Es aconsejable inventarse otra identidad, así podrás poner los datos que quieres si no recuerdas alguno de los tuyos o no recuerdas cómo se escribe una palabra.

Si la ciudad o lugar que has elegido tiene un nombre español, puedes tenerlo preparado desde antes del examen para no tener dudas de cómo escribirlo.

En las preguntas de respuesta más abierta escribe aquello sobre lo que estés seguro y no escribas frases muy largas para impresionar. Es mejor escribir frases cortas y sencillas.

Después de completar el formulario, vuelve a leerlo para comprobar que lo has escrito correctamente y que no tienes errores ortográficos.

Más actividades para practicar la expresión e interacción escritas

1. **Un amigo inglés que reside en España te ha pedido que le ayudes a tramitar la solicitud para el N.I.E. (Número de Identidad de Extranjero) y para ello te ha enviado un correo electrónico con toda la información que necesitas para completar el formulario.**

Hola, Alfonso:

¿Cómo estás? Muchas gracias por ayudarme con la solicitud del NIE. Te doy todos mis datos porque no sé cuáles necesitas. Me imagino que es necesario el número de pasaporte, que es el X334568. Ya sabes que soy de Manchester, de Inglaterra. Lo que no sabes es mi fecha de nacimiento, seguro que la necesitas, es el 24 de marzo de 1963.

Mis padres se llaman George y Margaret Male, pero el apellido de soltera de mi madre es Church. Te lo digo porque en los documentos españoles siempre hay que poner los dos apellidos. Estoy casado y tengo una hija, Julia. Ahora vivo en la calle Almendro número 8, C. P. 28502 de Arganda del Rey, un pueblo de Madrid. Mi número de teléfono es el 916658766. Aquí trabajo como profesor de inglés.
El motivo para solicitar el NIE es que quiero pedir un crédito en el banco para comprar una casa. Aquí tienes todos mis datos, pero si necesitas alguna información más, escríbeme.

Muchas gracias.

Un abrazo.

John

ADMINISTRACIÓN GENERAL DEL ESTADO

EXTRANJEROS
Solicitud de N.I.E. (Número de Identidad de Extranjero)
(L.O. 4/2000 y Reglamento aprobado por R. D. 2393/2004)

Nº PASAPORTE : _ _ _ _ _ _ _

1) DATOS PERSONALES DEL EXTRANJERO

Primer apellido ______ Segundo apellido ______
Nombre ______
Fecha de nacimiento ______
Lugar de nacimiento ______
Sexo: Hombre ___ Mujer ___
Estado civil:
Soltero ___ Casado ___ Viudo ___ Divorciado ___ Separado ___
País de nacimiento ______
Nacionalidad ______
Nombre del padre ______
Nombre de la madre ______
Domicilio en España, en el país de origen o de residencia legal
Nº ______ Piso ______
Tel: ______ Localidad ______
CP ______ Provincia ______

2) MOTIVO POR EL QUE SOLICITA EL N.I.E.

Económico ___ Profesional ___ Social ___
Detalle:

Firma

2. **En la página web de tu centro de idiomas están los perfiles de tus compañeros. Escribe tú un pequeño texto (entre 20 y 30 palabras) en el que te presentas para colgarlo en la página.**

Debes incluir:
- saludo y presentación;
- un pequeño perfil de cómo eres físicamente;
- a qué te dedicas y por qué estudias español;
- despedida.

EXPRESIÓN E INTERACCIÓN ORALES **LAS CLAVES DE LA TAREA 1**

EN QUÉ CONSISTE	FORMATO
La prueba de expresión e interacción orales está compuesta por cuatro tareas. La duración total de la prueba es de 15 minutos. Esta tarea consiste en proporcionar información muy básica sobre uno mismo y sobre el entorno inmediato: identidad, personas conocidas, pertenencias, lugares, actividad académica o profesional, conocimiento de lenguas, etc., mediante enunciados breves y sencillos.	Se trata mantener un monólogo breve, previamente preparado, sobre datos de identidad personal. Tienes que hablar durante 1-2 minutos.

Instrucciones

Tienes que hacer una presentación personal durante 1 ó 2 minutos. Puedes hablar de estos temas:

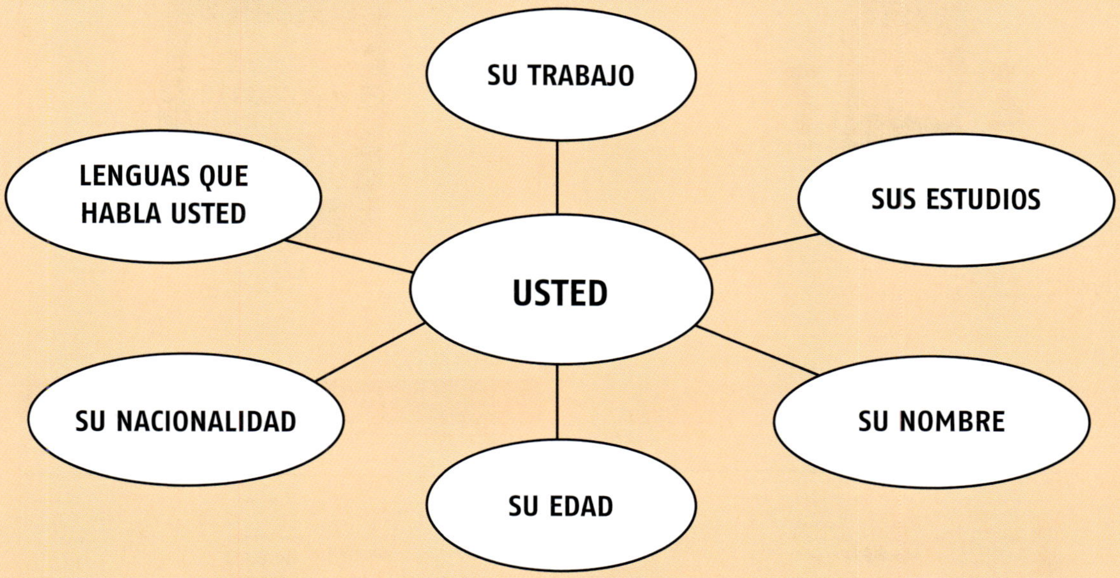

Es la primera tarea; por lo tanto, es el primer encuentro con el entrevistador. No olvides saludar: "hola, buenos días, buenas tardes". Él también hará lo mismo. Esto no es parte del examen.

Si no entiendes o no escuchas bien, pide al entrevistador que te repita: "Perdona/e, ¿puede/s repetir, por favor?"

El entrevistador te va a preguntar si quieres que en el examen habléis de tú o de usted. Elige la forma más cómoda y más fácil para ti. Recuerda que si decides hablar de tú, lo vas a hacer durante todo el examen.

El entrevistador te va a ayudar a entender cómo debes realizar la prueba, pero no se trata de un diálogo. Tú debes hacer un monólogo, es decir, hablar tú solo sobre los temas propuestos en forma de presentación.

El orden más apropiado para la presentación es comenzar con tu nombre, con tus apellidos y tu nacionalidad. Después puedes comentar a qué te dedicas: si estudias o trabajas y en qué, y para finalizar puedes hablar sobre qué lenguas hablas y a qué nivel. También puedes añadir brevemente a tu exposición por qué estudias español. Intenta hablar sobre todos los datos que se piden en el esquema.

Tienes tiempo de preparar esta tarea antes de entrar a hacer el examen. Eso significa que puedes dedicar ese tiempo a repasar las palabras y las frases que van a ser más fáciles y más cómodas para hacer la presentación. Pero intenta utilizar bien tanto los verbos como el vocabulario relacionado con la identidad. Lo importante es mostrar que tienes la capacidad de hablar sobre ti mismo dando detalles sobre diferentes aspectos de tu entorno inmediato.

Recuerda que tú decides qué vas a decir y cómo. Aprovecha esta tarea para relajarte, si estás nervioso. Esta es la tarea más corta de la prueba de expresión e interacción orales.

Más actividades para practicar la expresión e interacción orales

1. Prepara un presentación de unos 2 ó 3 minutos sobre tus amigos, tus compañeros, tus familiares. Habla sobre quiénes son, cómo son, a qué se dedican, etc. Tus compañeros de clase te van a hacer preguntas después de tu monólogo.

Posibles preguntas

¿Tienes muchos amigos?
¿Qué actividades os gusta hacer juntos?
¿Tienes amigos en el extranjero?
¿Es grande tu familia?
¿Tienes hermanos o hermanas?
¿A qué se dedican?
¿Tienes muchos compañeros?
¿De dónde son?
¿Cómo son?

2. a. A continuación tienes una serie de imágenes con objetos y situaciones para obtener información. Escribe debajo de cada una la pregunta y la respuesta adecuadas.

LÁMINA 1A

Pregunta: ....
....

LÁMINA 1B

Respuesta: ....
....

LÁMINA 2A

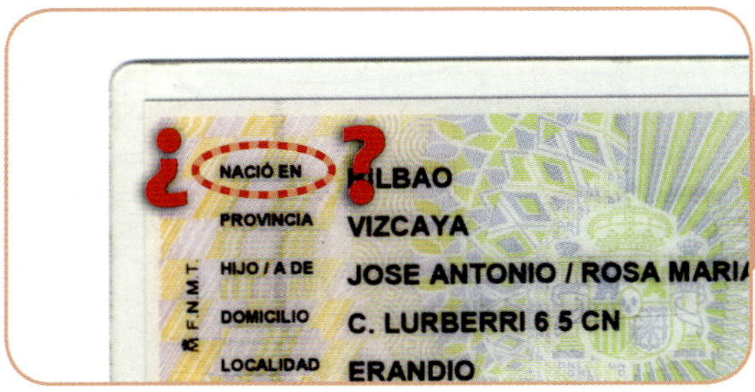

Pregunta: ....
....

LÁMINA 2B

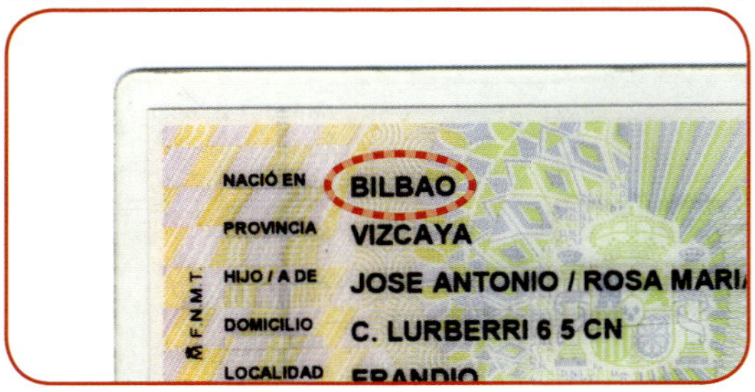

Respuesta: ....
....

LÁMINA 3A

Pregunta: ....
....

LÁMINA 3B

Respuesta: ....
....

2. b. Representa las situaciones en forma de diálogo con un compañero.

2

En esta unidad vamos a hablar de nuestra vida cotidiana, a describir un día normal y a decir las horas.

Para ello vamos a aprender:

Recursos para la comunicación

› Informar sobre nuestras actividades durante la semana › Dar y pedir información sobre nuestros amigos › Preguntar cómo es un día normal › Hablar de horarios › Argumentar nuestras respuestas › Expresar coincidencia › Localizar en el tiempo

Léxico

› Las actividades durante la semana › Nuestro lugar de trabajo o de estudios › Las profesiones › La casa › El trabajo › El horario › Las horas › Los días de la semana

Gramática

› Verbos reflexivos: **lavarse, levantarse...** › Algunos verbos irregulares: **despertarse, acostarse** › El verbo **ir** › **¿Por qué?-Porque** › **También/tampoco** › **Yo sí/ Yo no**

Mis horarios, mis estudios, mi trabajo

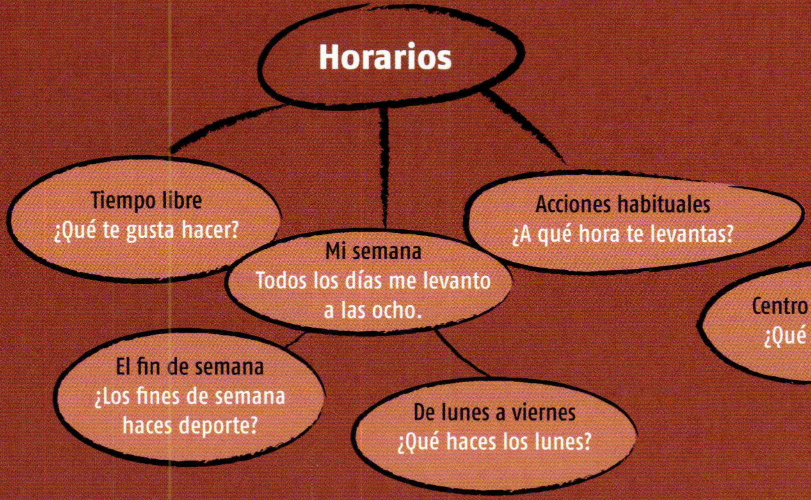

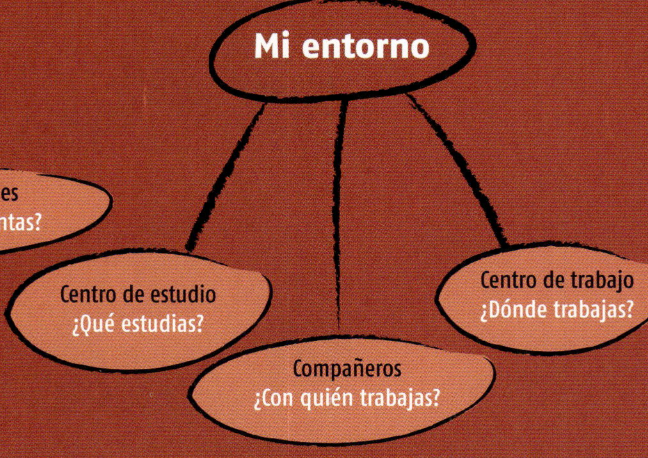

1 Acciones habituales

A. ¿Qué hora es...?

....

Son las ocho de la mañana

....

....

....

B. ¿Qué haces normalmente a esas horas?

A las ocho en punto estoy en clase.

10:15 .... **23:45** ....

14:30 .... **13:05** ....

C. ¿Y tú compañero? Pregúntale a qué hora hace las siguientes cosas.

1. **¿A qué hora te despiertas?** ....
2. **¿A qué hora sales de casa?** ....
3. **¿A qué hora comes?** ....
4. **¿A qué hora ves la tele?** ....
5. **¿A qué hora te acuestas?** ....

DESPERTARSE

me desp**ie**rto
te desp**ie**rtas
se desp**ie**rta
nos despertamos
os despertáis
se desp**ie**rtan

ACOSTARSE

me ac**ue**sto
te ac**ue**stas
se ac**ue**sta
nos acostamos
os acostáis
se ac**ue**stan

Decir la hora

17:30 h.
- ¿Qué hora es?
- **Son** las cinco y media.

- Son las diecisiete treinta, las dieciséis treinta en Canarias.

- ¿A qué hora sale el tren?
- **A las** cinco y media.

2 La vida de Manuel

A. Observa los dibujos y di a qué hora hace Manuel cada cosa.

Manuel se despierta a las siete menos diez.

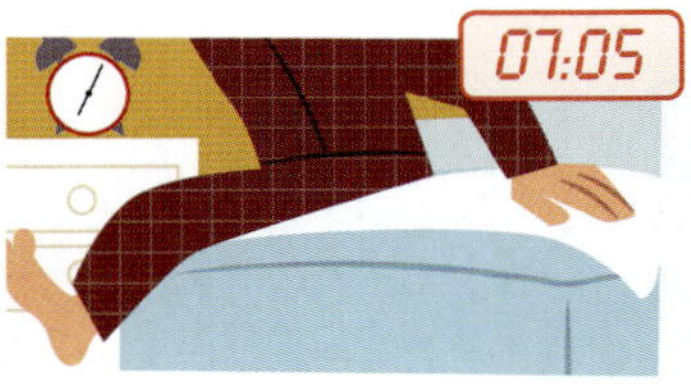

....

....

....

....

....

....

....

....

....

....

....

B. ¿Qué acciones habituales haces tú durante el día que Manuel no hace? Si no sabes cómo se dice, pregúntale a tu profesor.

C. Ahora escribe las dos primeras cosas que haces tú por la mañana y las dos últimas cosas que haces por la noche. Compáralo con tu compañero, ¿hacéis las mismas cosas?

Por la mañana después de levantarme...	Por la noche antes de irme a la cama...

- Yo me despierto a las seis de la mañana y mi compañero también.
- Yo como un bocadillo de jamón cuando me levanto pero María no.

Lavarse el pelo
la cara
las manos...

Me lavo las manos con agua y jabón.

Beber un café
un refresco...

Bebo mucha agua por las mañanas.

LAVARSE
me lavo
te lavas
se lava
nos lavamos
os laváis
se lavan

BEBER
bebo
bebes
bebe
bebemos
bebéis
beben

3 El horario de Bárbara

A. Lee el siguiente texto y escribe después qué cosas hace Bárbara que tú no haces.

Bárbara es una chica un poco extraña. Estudia Ciencias del Mar en la universidad. Se levanta a las seis de la mañana y hace doscientas abdominales. Después va al baño para estudiar media hora, es el lugar de la casa donde mejor se concentra. Después va a desayunar a casa de su vecino. A las 8.30 h tiene la primera clase en el acuario de la ciudad para observar los peces. Al mediodía come en la playa con sus compañeros de clase. A las 15 h va a la biblioteca para hablar con su mejor amiga y por la tarde, a las 19 h, va al gimnasio. Después vuelve a casa a pie. Por la noche, sobre las 22 h toca la batería porque es su instrumento preferido.

Yo no me despierto a las seis de la mañana, me despierto a las ocho.

B. ¿Cómo es un día normal en tu vida? Escríbelo en forma de diario.

MI DIARIO

El lunes me levanto temprano y...

MI DIARIO

Los días de la semana

lunes
martes
miércoles
jueves
viernes
sábado
domingo

El lunes que viene voy a la piscina.
Todos los días leo un poco.

! Se usa el plural con los días cuando hablamos de una rutina.
Los domingos me quedo en casa.

4 Vidas diferentes

21 22 **A.** Escucha lo que dicen Javi y Laura sobre su vida diaria y escribe al menos tres actividades de cada uno.

Javi

Lunes ....
Martes ....
Miércoles ....
Jueves ....
Viernes ....
Sábado ....
Domingo ....

Laura

Lunes ....
Martes ....
Miércoles ....
Jueves ....
Viernes ....
Sábado ....
Domingo ....

¿Por qué? – Porque

Para preguntar usamos: **¿por qué?**
Para responder usamos: **porque**.

- ¿**Por qué** vas a la piscina?
- **Porque** me gusta nadar.

21 22 **B.** Vuelve a escuchar la grabación y responde a las siguientes preguntas.

1. ¿Qué día puede dormir hasta tarde Javi? __________ . ¿Y Laura? __________ .
2. ¿Por qué quiere aprender lenguas extranjeras Javi? __________ .
3. ¿Dónde come Javi durante la semana? __________ . ¿Por qué? __________ .
   Y Laura, ¿dónde come los lunes? __________ .
4. ¿Con quién sale los sábados Javi? __________ .
5. ¿Por qué hace *aquagym* Laura? __________ .

C. Piensa en lo que haces durante la semana. ¿Con quién de los dos coincides más, con Laura o con Javi? Coméntalo con tu compañero.

- *Coincido más con el horario de Javi porque...*
- *Yo también como fuera de casa pero no voy al gimnasio.*

también / tampoco

- Hago deporte tres días por semana, ¿y tú?
- Yo **también**.

- No voy mucho al teatro. ¿Y tú?
- Yo **tampoco**.

yo sí / yo no

- Esta noche quiero ir al cine.
- **Yo no**, estoy cansado.
- Los viernes por la tarde no trabajo.
- **Yo sí**.

D. Reacciona a las siguientes afirmaciones usando **también / tampoco, yo sí / yo no**.

1. Me levanto el primero de mi casa.
   (Tú): *Yo también.*
2. No me despierto antes de las 7 de la mañana.
   (Tú): ....
3. Me ducho por las mañanas.
   (Tú): ....
4. Desayuno siempre en casa.
   (Tú): ....
5. Nunca llego tarde al trabajo / a clase.
   (Tú): ....
6. Me conecto a internet casi todos los días.
   (Tú): ....
7. Me lavo los dientes tres veces al día.
   (Tú): ....

5 En los próximos días

A. Estas son las cosas que le gusta hacer a Antoñita en su tiempo libre. Mira los dibujos y escribe debajo de cada uno lo que hace.

leer
ir
pasear
bañarse
tomar
visitar
descansar

Durante las vacaciones
Antoñita lee un libro.

Por la noche...

Partes del día

Por la mañana me levanto muy temprano.
Voy al gimnasio **por la tarde**.
Estudio **por la noche**.

! Me levanto a las ocho de **la mañana**.
Ceno a las ocho de **la noche**.

B. Y tú, ¿qué haces normalmente? Continúa las siguientes frases.

Por la mañana ____________________

Al mediodía ____________________

Por la tarde ____________________

Por la noche ____________________

De madrugada ____________________

IR

voy
vas
va
vamos
vais
van
Voy al trabajo a pie.

! **a el = al**
Juan va **al** gimnasio por la tarde.

C. Completa las siguientes frases con el verbo **ir**.

1. Ana y Juan ______________ todos los fines de semana a casa de sus amigos.
2. Esta noche yo ______________ al cine, ¿te vienes conmigo?
3. ¿Mañana os quedáis en casa o ______________ a algún sitio?
4. No ______________ a la playa porque tenemos que estudiar.
5. ¡______________ muy rápido, por favor, tranquilízate!
6. Juan no ______________ a la discoteca esta noche porque quiere ver una película.

6 ¿A qué te dedicas?

23/28 **A.** Escucha a las siguientes personas y relaciona las fotografías con el trabajo que realizan.

1

2

3

4

5

6

B. Vuelve a escuchar la grabación y di cómo describen estas personas sus trabajos.

profesor	necesario
médico	muy creativo
arquitecto	fascinante
bombero	muy interesante
cantante	peligroso
pintora	muy difícil

C. Piensa ahora en estas profesiones y contesta a las preguntas que te va a hacer tu compañero. Tenéis que adivinar en qué profesión pensáis.

¿ ingeniero
director de cine
bombero
vendedor
camarero
empleado de un banco
actor/actriz
taxista ?

- ● ¿Dónde trabaja?
- ❍ En un coche.
- ● ¿Con quién trabaja?
- ❍ Con muchas personas desconocidas.
- ● ¿Qué hace?
- ❍ Lleva a muchas personas a donde le piden, al aeropuerto, a la estación de tren, a su casa.
- ● ¡Es taxista!

Hablar de profesiones

- ● ¿Qué haces?
  ¿En qué trabajas?
- ❍ Soy **profesora**.
  Soy ~~una~~ profesora.

Penélope Cruz es **una** actriz española.

D. Piensa en la profesión ideal y completa el siguiente recuadro.

HORAS DE TRABAJO	DÍAS DE LA SEMANA	CUÁNTAS PERSONAS
TIPO DE PERSONAS	LUGAR DE TRABAJO	POR QUÉ ES INTERESANTE

- ● ¿Con quién trabajas?
- ❍ Con mis amigos.

Profesiones y género

el arquitect**o**/
la arquitect**a**
el abogad**o**/la abogad**a**
el **actor**/la **actriz**
el/la **artista**
el/la **médico**
el/la **estudiante**

7 Necesito un médico

29 Las siguientes personas tienen un problema y necesitan un experto para solucionarlo. Completa las frases con la profesión y el problema que tienen.

1. Tenemos que llamar al médico porque no me encuentro muy bien.
2. Hay que llamar a los ______ porque ______ ______ de esa casa.
3. ¿Por qué no llamas al ______ ______? Él te puede ayudar a resolver el problema de la ______ ______.
4. Queremos hablar con un ______ porque necesitamos denunciar en el periódico el problema del ______ ______ ______ ______.
5. El ______ viene hoy a casa para arreglar el problema que tienes con ______ ______.

8 Busco trabajo

¿Sabes lo que significa estar en paro? Las siguientes personas están en paro porque no tienen trabajo. Van a la oficina de empleo y dicen lo que saben hacer. ¿En qué pueden trabajar según tu opinión?

1. Me gusta mucho la cocina y no tengo problemas de horario.

Puede trabajar como ______________________________

2. Desde que tengo 14 años cuido a niños, ahora no tengo trabajo.

____

3. Conozco todas las reglas de circulación del tráfico. Me gustan las grandes ciudades.

____

4. Me gusta construir casas, pero no tengo estudios.

____

5. Sé hacer pasteles y también pan. Me gusta mucho el olor del horno.

____

9 Material de trabajo

¿Con qué profesión relacionas las siguientes palabras? Algunas de ellas pueden servir para varias profesiones. Si no sabes alguna palabra, puedes consultar el diccionario.

- internet
- pintura
- luces
- coche
- ambulancia
- pizarra
- uniforme
- escalera
- escritorio
- agenda
- micrófono
- alcohol
- ordenador
- dinero
- diccionarios
- teléfono
- fax
- mapa
- sillón
- medicamentos
- periódico
- televisor
- cámara

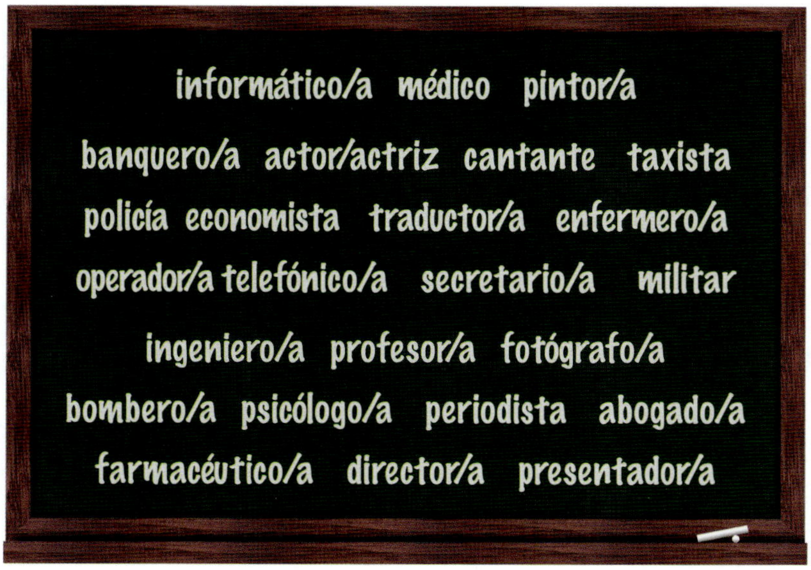

10 En clase

A. Mira esta clase de un instituto. ¿Puedes poner el nombre a los objetos marcados?

1	4	7	10 ....
2	5	8	11 ....
3	6	9	12 ....

B. ¿Qué artículo lleva cada palabra? Añádeselo y forma sus plurales.

el libro → los libros

C. Ahora observa tu clase y escribe el nombre de los objetos que no aparecen en el dibujo de la actividad anterior. ¿Sabes cómo se dicen en español? Si no lo sabes, puedes preguntarle a tu compañero o a tu profesor.

11 Tu asociograma

Completa ahora tu propio esquema con lo que has aprendido en esta unidad. Fíjate en el que tienes en la portada de la unidad.

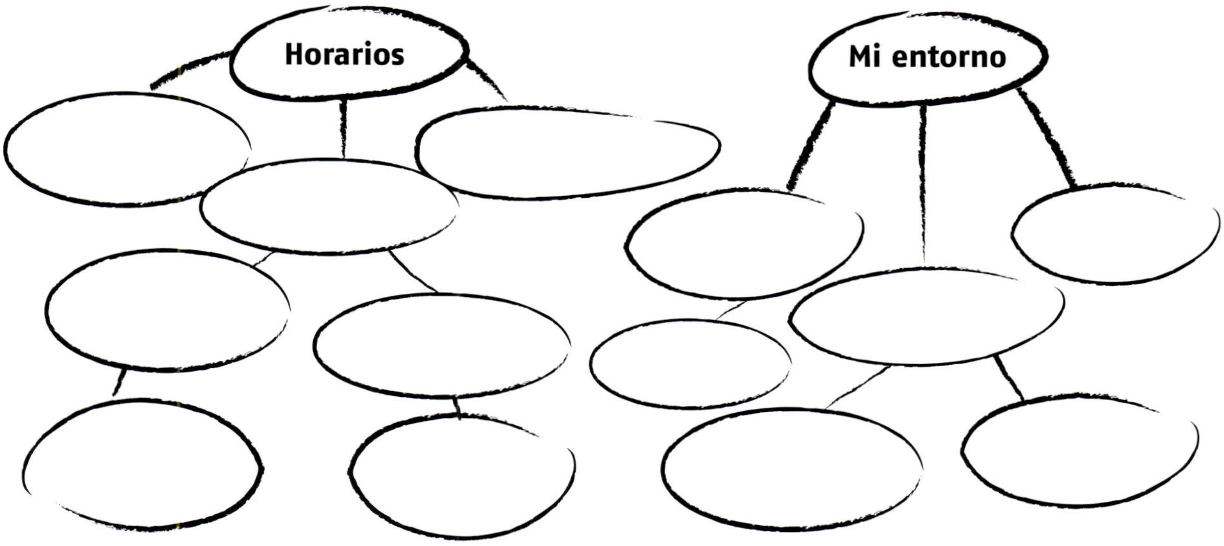

ALGUNOS VERBOS REFLEXIVOS

LEVANTARSE	PERDERSE*	VESTIRSE
me levanto **te** levantas **se** levanta **nos** levantamos **os** levantáis **se** levantan	**me** pi**er**do **te** pi**er**des **se** pi**er**de **nos** perdemos **os** perdéis **se** pi**er**den	**me** visto **te** vistes **se** viste **nos** vestimos **os** vestís **se** visten

! **Perderse** es un verbo irregular, como el verbo ir. Otros verbos reflexivos son **despertarse**, **lavarse**, **peinarse**, **ducharse**.

__Me__ levanto a las 8.
¿No __te__ pierdes en las ciudades grandes?
Quiere vesti__rse__ elegante para la fiesta.
Estoy lavándo__me__ las manos.

IR

IR
voy **vas** **va** **vamos** **vais** **van**

Esta tarde __voy a__l teatro con mi hermano.
¿__Vamos a__l cine?

SITUAR EN EL TIEMPO

- *¿__A qué hora__ vas al gimnasio?*
- ○ *__A las__ doce (12:00 h).*

- *¿__De qué hora a qué hora__ estudias?*
- ○ *__De__ ocho menos cuarto (19:45 h) __a__ nueve y media (21:30 h).*
- *¿__Cuándo__ entras a trabajar?*
- ○ *__A las__ nueve y cuarto (9:15 h).*

DECIR LA HORA

- *¿Qué hora es?*
- ○ *__Son__ las siete / __Es__ la una.*
  Las dos __en punto__ (14:00 h).
  Las tres __y cuarto__ (03:15 h).
  Las cinco __y media__ (17:30 h).
  Las seis __menos cuarto__ (05:45 h).
  Las ocho __menos diez__ (19:50 h).

- *¿__A qué hora__ comes?*
- ○ *__A la__ una / __A las__ dos.*

- *¿__A qué hora__ vas a la academia?*
- ○ *A las diez __de la mañana__.*
  A las doce __del mediodía__.
  A las cinco __de la tarde__.
  A las nueve __de la noche__.

! También se puede expresar la hora especificando horas y minutos, especialmente para hablar de horarios.
El avión sale a __las veintitrés y doce__ (23: 12h).

LOCALIZAR EN EL TIEMPO

La película empieza __ahora__.
__Hoy__ es mi cumpleaños.
__Mañana__ voy a ir al teatro.

Partes del día:

por la mañana	desde que nos levantamos hasta la hora de comer
al mediodía	alrededor de la hora de comer
por la tarde	desde que comemos hasta que cenamos
por la noche	desde que cenamos hasta medianoche
de madrugada	después de la medianoche y antes de que salga el sol

Me gusta hacer deporte __por la mañana__.
__Al mediodía__ como con mi familia en casa.
__Por la tarde__ paseo con mi perro por el parque.
En la televisión dan muchas películas __por la noche__.
__De madrugada__ hay poca gente por las calles.

PEDIR INFORMACIÓN

¿Qué...?
- *¿__Qué__ vas a hacer hoy?*
- ○ *Voy a estudiar.*

¿Quién...?
- *¿__Quién__ es tu mejor amigo?*
- ○ *Mario, es muy simpático.*

¿Cuántos/as...?
- *¿__Cuántos__ años tienes?*
- ○ *Treinta y tres.*

¿Dónde...?
- *¿__Dónde__ vives?*
- ○ *En Cádiz.*

¿Por qué?
- *¿__Por qué__ estudias español?**
- ○ *__Porque__ quiero entender las canciones en esta lengua.*
  __Para__ hablar con mis amigos mejicanos.
  __Por__ trabajo.

! A la pregunta con **¿por qué?** se puede responder de diferentes maneras.

EXPRESAR COINCIDENCIA

Coincidir: también / tampoco

- *Me gusta mucho escuchar música.*
- ○ *A mí __también__, sobre todo en el coche.*
- *Pero no me gusta la música tecno.*
- ○ *¡Uf!, a mí __tampoco__.*

No coincidir: yo sí / yo no

- *Voy mucho al cine.*
- ○ *__Yo no__, no tengo tiempo.*
- *Pero no voy al teatro porque es muy caro.*
- ○ *__Yo sí__, me gusta muchísimo.*

COMPRENSIÓN DE LECTURA LAS CLAVES DE LA TAREA 2

En qué consiste	Formato	Tipo de texto
En esta tarea debes ser capaz de reconocer nombres, palabras o frases en carteles o textos informativos.	En esta tarea tienes que relacionar 6 textos con 6 enunciados muy breves. La respuesta es preseleccionada.	Se trata de anuncios breves que puedes encontrar en revistas, periódicos o todo tipo de material informativo como son los billetes, las señales, los carteles, etc. A estos textos les pueden acompañar imágenes como apoyo gráfico.

Instrucciones

Lee los siguientes diálogos. Relaciona la letra de cada diálogo con los anuncios que escribe cada persona. Hay tres diálogos que no debes relacionar con ninguna frase.

Ejemplo

Anuncio 0: Se alquila habitación en piso de estudiantes. Muy céntrico.

La respuesta correcta es el diálogo **A**. Márcalo en la **Hoja de respuestas**.

	A	B	C	D	E	F	G	H	I	J
0.	x									

ANUNCIOS

0- Se alquila habitación en piso de estudiantes. Muy céntrico.

1- Necesito *au-pair* de lengua española para mis hijos de 7 y 9 años.

2- Menú del día a 8 euros: ensalada, primer plato y postre.

3- Turismo ecológico en los Alpes.

4- A las 20h "Saber y tener" en Canal Ya.

5- ¿Estás en paro? No pierdas tiempo, llámanos al 965332200.

6- ¿Quieres un fin de semana tranquilo? DescansaSpa.dif

1	2	3	4	5	6
D	F	C	H	G	B

A
- ● Mira, María, aquí hay un anuncio de una casa. Tú buscas una para alquilar, ¿verdad?
- ○ No, una casa no, busco sólo una habitación en un piso de estudiantes.
- ● Bueno, pues mira éste.

B
- ● Necesito unas vacaciones, ¡no puedo más!
- ○ Y, ¿por qué no vas a una agencia de viajes?
- ● Es que son muy caras, prefiero hacerlo por internet

C
- ● Me gusta mucho hacer alpinismo, pero no quiero ir solo.
- ○ Hay muchas asociaciones de turismo ecológico, solidario, etc. Puedes preguntar en alguna de ellas, ¿no?
- ● ¡Claro! Voy a buscar en internet.

D
- ● Este año quiero ir al extranjero a estudiar, pero también necesito trabajar porque no tengo dinero para pagarme el viaje y la estancia.
- ○ Existen los programas *Au-pair*, sólo tienes que cuidar a los hijos de una familia y ellos te dan la habitación y la comida.
- ● Ah, ¡qué buena idea!

E
- ● Mira Juan, me acabo de comprar esta bicicleta de carreras.
- ○ ¡Qué bonita! ¿Y qué vas a hacer con tu bicicleta de montaña?
- ● La voy a vender.

F
- ● Oye Natalia, yo tengo hambre ¿y tú?
- ○ Yo también. ¿Buscamos algún sitio donde comer?
- ● Sí, mira, aquí hay un restaurante. Mira el menú.

G
- ● ¡Hola Pepe! ¿Qué tal estás?
- ○ ¡Uf! Pues bastante mal. La fábrica donde trabajo va a cerrar y tengo que buscar trabajo, pero no sé qué hacer.
- ● Pues, lo primero es ir a la Oficina de empleo para que te aconsejen algo.
- ○ Ya, pero es que soy muy mayor... 55 años.

H
- ● No, no voy a salir esta noche. Quiero ver la tele.
- ○ Pero mujer, ¿no prefieres ir al cine?
- ● No, estoy muy cansada y a las ocho dan mi programa preferido.

I
- ● Mira Carmen, esta noche hay una fiesta de disfraces. ¿Vamos?
- ○ Es que a mí no me gustan. Prefiero ir a bailar.
- ● ¡Anímate, puede ser muy divertido!
- ○ No, no, de verdad, no quiero ir.

J
- ● Mamá quiero hacer un curso de natación.
- ○ Vale, este verano vamos a la piscina municipal y preguntamos por los cursos.
- ● ¡Qué bien!

Explicación de las respuestas

1-D En el diálogo D una chica necesita trabajo en el extranjero y los trabajos de *au-pair* consisten en cuidar a niños en un país en el extranjero.

2-F La palabra clave del enunciado 2 es "menú" ya que normalmente los menús están en los restaurantes.

3-C En el diálogo C a un chico le gusta ir a la montaña y necesita encontrar a una persona con la que ir. La otra persona le aconseja buscarlo en una organización de turismo. "Turismo" es la palabra clave.

4-H La mujer del diálogo H quiere ver la tele y, además, dice que es un programa que dan a las ocho, por lo tanto el horario es importante para relacionar la frase 9 con este diálogo.

5-G Estar en paro y no tener trabajo es lo mismo y el hombre del diálogo necesita trabajar.

6-B La agencia de internet se llama "descansa" y ofrece un fin de semana tranquilo. La mujer del diálogo B está muy cansada y necesita vacaciones. Por lo tanto las palabras "descansa" y "cansada" te pueden ayudar a relacionarlos.

Haz una primera lectura con calma de los textos que te proponen.

Presta atención siempre a la palabra clave, puede aparecer una palabra en el diálogo y otra en el anuncio que tengan relación. Por ejemplo en el diálogo A aparece la palabra "alquilar" y "habitación" y esas palabras aparecen también en el anuncio.

A lo mejor hay palabras que no entiendes, pero recuerda que te puede ayudar el contexto o las palabras parecidas de tu lengua o de otras que ya conoces.

Ten cuidado porque los dibujos pueden ayudarte a entender el texto, pero no siempre es así.

Hay tres respuestas que no van con ninguna pregunta. No lo olvides.

Si tienes tiempo para repasar tus respuestas antes de escribirlas en la hoja de respuesta, mucho mejor.

Recuerda que el cuadernillo lo puedes utilizar como borrador y que tus respuestas las tienes que escribir siempre en la Hoja de respuestas, porque el borrador se destruye.

Más actividades para practicar la comprensión de lectura

1. Las siguientes personas hablan sobre sus trabajos. Lee lo que explican sobre ellos y escribe debajo a qué profesión se dedican.

1
- ● ¿A qué te dedicas?
- ○ Pues, defiendo siempre a personas que tienen problemas. Es muy difícil, sobre todo con las personas que se quieren divorciar.
- ● ¿Trabajas en el juzgado, verdad?
- ○ Sí, claro, al final cuando debo explicar explico al juez todo el problema.

2
- ● Todos piensan que más que un trabajo, lo que yo hago es un hobbie.
- ○ Pero, ¿dedicas muchas horas?
- ● Pues la verdad es que sí. Mi último libro tiene más de 700 páginas y más de un año de trabajo.

3
- ● Me encanta componer música y tocar el piano.
- ○ ¿Eres pianista?
- ● No, toco muchos instrumentos, no sólo el piano.

4
- ● Trabajo en un hospital y ayudo a los médicos.
- ○ Pero... ¿no eres médico?
- ● No, no, pero somos muy importantes para ellos porque ayudamos a los médicos en todo.

5
- ● Yo trabajo cuando todos están de vacaciones.
- ○ ¿Tienes un restaurante, verdad?
- ● No, no es mío, yo trabajo en él. Sirvo a los clientes.

6
- ● Me gustan muchos los niños y por eso me gusta enseñarles música, arte, lengua, matemáticas...
- ○ ¿Tienes muchos niños en clase?
- ● Pues... sí, unos 30, pero son muy divertidos y hacen muchas cosas: pintan, escriben, dibujan, leen...

7
- ● Eres muy guapa, ¿es importante para tu trabajo?
- ○ No, pero para hacer algunas películas es fundamental.
- ● ¿La gente te conoce?
- ○ Sí, claro, mis películas están en todos los cines.

8
- ● Todo el mundo tiene un ordenador en casa.
- ○ Y tú, ¿qué haces con los ordenadores?
- ● Pues de todo... los arreglo, instalo programas, etc.

COMPRENSIÓN AUDITIVA LAS CLAVES DE LA TAREA 3

En qué consiste	Formato	Tipo de texto
En esta tarea debes ser capaz de entender la información que da la persona o personas que hablan y relacionarla con los enunciados que te proponen. Estos enunciados pueden estar relacionados con personas, profesiones, lugares, etc. pero todos pertenecen a un léxico cotidiano.	Son 8 ítems de respuesta preseleccionada. Debes relacionar información concreta de los textos que vas a oír con los enunciados escritos en el recuadro.	Se trata de 8 monólogos breves y sencillos. Independientes entre sí. Pueden ser explicativos o descriptivos.

30

Instrucciones

A continuación vas a escuchar a una persona hablando sobre el trabajo de su familia y de sus conocidos. Cada audición se repite dos veces. Relaciona cada persona con su trabajo. Hay tres letras que no debes seleccionar.

Marca las opciones elegidas en la **Hoja de respuestas.**

Ejemplo

Profesión: *Profesor de alemán.*

La opción correcta es A. Márcala en la **Hoja de respuestas**.

La respuesta correcta es **A.**

	A	B	C	D	E	F	G	H	I	J	L	M
0.	X											

0.	Su mejor amigo
1.	Ella
2.	Su compañero de clase
3.	Señor Adrián
4.	Su hermano
5.	Su padre
6.	Su tía
7.	Su vecino
8.	Lorenzo

A	es profesor de alemán.
B	es portero de su edificio.
C	no encuentra trabajo.
D	canta en un coro.
E	todavía estudio.
F	es empleada de un banco.
G	toca un instrumento.
H	dirige un teatro.
I	tiene un trabajo extraño.
J	cuida a los niños de una pareja.
K	Es empresario.
L	Es ama de casa.

Transcripción del audio

INTERVENCIÓN 0: Helmut es mi mejor amigo y tiene una academia de lenguas donde estudian muchas personas. Le gusta mucho hablar con todo el mundo y por eso enseña su idioma.
INTERVENCIÓN 1: A mí me gustaría trabajar pero todavía no he terminado la universidad. Termino el próximo año, espero aprobar todas las asignaturas que me faltan.
INTERVENCIÓN 2: Manuel es mi compañero de clase, estudia y trabaja, creo que cuida a los hijos de sus vecinos por las tardes. ¡Qué suerte, porque así tiene dinero!
INTERVENCIÓN 3: En mi edificio trabaja un señor muy simpático. Es el portero y se llama Adrián, pero le llamamos señor Adrián, porque es una persona mayor.
INTERVENCIÓN 4: Mi hermano no hace nada, pero lo intenta. Sabe hacer de todo, pero ahora está en el paro, no encuentra trabajo.
INTERVENCIÓN 5: Mi padre tiene una empresa de teléfonos móviles. Todos en mi casa tenemos móviles de última generación. Nos los regala papá.
INTERVENCIÓN 6: Mi tía estudió medicina, pero no es médico. Trabaja todo el día en casa porque tiene cuatro hijos y pasa el día cuidando de ellos y de la casa.
INTERVENCIÓN 7: No conozco a mi vecino de arriba pero sé que es músico porque todos los días, a las ocho de la tarde se oye como toca el piano y lo hace muy bien.
INTERVENCIÓN 8: Lorenzo no sé muy bien en qué trabaja. Tiene algo que ver con una organización de voluntariado, pero es algo muy raro, no sé lo que es.

0	1	2	3	4	5	6	7	8
A	E	J	B	C	K	L	F	H

EXPLICACIÓN DE LAS RESPUESTAS

0-A Es profesor porque el verbo enseñar nos indica su profesión y también, es una academia de lenguas indica que enseña un idioma extranjero como puede ser el alemán, porque su nombre es Helmut, que es un nombre de aquel país.

1-E La persona que habla "todavía estudia" porque no ha terminado la universidad, lo que quiere decir que sigue estudiando.

2-J Su compañero "cuida a los niños de una pareja", aquí niños equivale a hijos y la pareja pueden ser sus vecinos.

3-B El portero es la persona que trabaja en el edificio de una casa. A muchas personas mayores se les dice señor antes de su nombre y la chica repite su nombre acompañado de Señor.

4-C Su hermano "no encuentra trabajo" significa que lo busca pero no lo tiene, por lo tanto está en el paro o desempleado.

5-K Su padre "es empresario" porque tiene una empresa. Las dos palabras son de la misma familia y se pueden relacionar fácilmente.

6-L Su tía es "ama de casa" porque tiene que cuidar de cuatro niños y de la casa. Las amas de casa, son las personas que limpian y tienen ordenada su casa.

7-F Su vecino "toca un instrumento" porque oye como toca el piano y éste es un instrumento musical.

8-H Lorenzo "tiene un trabajo extraño" porque no sabe a qué se dedica en concreto. Aquí la palabra "raro" es sinónimo de "extraño".

Después de la prueba de Comprensión de lectura hay unos minutos en los que puedes leer las preguntas de la Comprensión auditiva. Aprovecha ese tiempo para poder entender mejor cada una de las tareas.

En las frases que hay escritas, puede haber una palabra clave que aparece también en la audición. Por ejemplo si en la frase está escrito "profesor de alemán" y en la audición Carmen dice que su amigo enseña su idioma, la palabra "enseñar" está relacionada con la palabra "profesor", porque los profesores en su trabajo enseñan.

La primera vez es mejor escuchar y no escribir nada. Primero, intenta comprender y en la segunda audición controlar la respuesta.

Entre una audición y otra hay 10 segundos, escribe en ese momento la elección correcta en la Hoja de respuestas. Al final de todas las audiciones tienes unos 30 segundos para controlar y repasar que has escrito todas las respuestas.

La información de las tres letras que no tienes que relacionar con ningún enunciado no suele aparecer en la audición. En este ejemplo son D, E y H, y en ningún monólogo se habla de las informaciones que aparacen en estas letras.

Más actividades para practicar la comprensión auditiva

31 **1. Escucha a Ignacio hablando de sus horarios y relaciona cada frase con estos horarios.**

15:00	08:00	23:00
12:00	19:30	22:45
17:00	07:00	14:15

- **A-** a las tres
- **B-** a las 8 de la mañana
- **C-** a las 11 de la noche
- **D-** al mediodía
- **E-** a las siete y media
- **F-** a las dos y cuarto
- **G-** a las cinco
- **H-** a las siete de la mañana
- **I-** a las once menos cuarto de la noche

2. Vuelve a escuchar a Ignacio y contesta a estas preguntas.

- ¿A qué hora ve su programa preferido?
- ¿Con quién sale los sábados?
- ¿Cuándo hace yoga?
- ¿Cuándo habla con su madre?
- ¿Con quién come a las tres de la tarde?

EXPRESIÓN E INTERACCIÓN ESCRITAS LAS CLAVES DE LA TAREA 2

EN QUÉ CONSISTE	FORMATO	TIPO DE TEXTO
En esta tarea tienes que intercambiar por escrito mensajes de cortesía, información personal sencilla y básica, o situaciones relacionadas con necesidades personales inmediatas.	Debes ser capaz de redactar un texto dirigido a otra persona en particular como pueden ser postales, correos electrónicos, mensajes o una carta breve, o también textos dirigidos a varias personas como un anuncio o una nota informativa. Tienes que escribir entre 20 y ,30, es decir, entre tres o cuatro líneas dependiendo del tamaño de tu letra.	El tipo de texto tiene que coincidir con lo que te están pidiendo. Puede ser una carta, un anuncio o una nota informativa. Hay siempre una imagen o dibujo que te puede dar indicaciones sobre lo que te preguntan.

Instrucciones

Acabas de encontrar un trabajo fantástico y se lo quieres contar a tu mejor amigo que vive en otra ciudad. Escríbele un correo electrónico. Para ello debes:

- saludar;
- decir cómo es el nuevo trabajo que tienes;
- contar por qué te gusta tanto;
- despedirte.

Número de palabras: entre 20 y 30 palabras.

La prueba de expresión e interacción escritas está compuesta por dos tareas. La duración total de la prueba es de 25 minutos.

No olvides contestar en la **Hoja de respuestas**.

Hola Marina:

¿Cómo estás?
Tengo un nuevo trabajo en una escuela de mi ciudad.
Enseño física. Estoy muy contento.
Me gusta mucho porque mis alumnos tienen mucho interés.

Besos.

Sergio

Las instrucciones del examen se redactan con la forma "usted" para pedirte que elabores un escrito, pero tú en el texto que escribes puedes usar la forma "tú".

No te olvides de seguir los pasos que te piden, en su mismo orden. Es una estrategia que después evaluarán.

20 ó 30 palabras son muy pocas. Si tú sueles escribir mucho, intenta decir lo mínimo en cada pregunta. Si por el contrario no sueles escribir mucho, intenta responder a todas las preguntas.

No escribas más de 30 palabras ni menos de 20.

Calcula que unas 20 ó 30 palabras equivalen a unas tres líneas más o menos.

Se puede saludar con "hola" solamente, pero también se puede hacer una pregunta: "¿Cómo estás?"

Puedes volver a escribir el punto que tienes que explicar "tengo un nuevo trabajo" y después dar la información.

Después das la explicación muy brevemente de por qué te gusta tanto: "porque mis alumnos tienen mucho interés".

Y al final te despides como se hace con un amigo: "besos, hasta pronto, hasta luego, un abrazo...".

Más actividades para practicar la expresión e interacción escritas

1. Esta es la postal que Miguel está escribiendo. Está en un lugar fantástico y quiere contárselo a Eli pero no consigue terminar las frases. ¿Lo puedes hacer tú?

Hola Eli:

Estoy en una ciudad de México maravillosa que se llama Oaxaca. Aquí hay ______________________ ____________ y también hay ______________.

La gente es ______________________.

El hotel es un poco ______________ ______________ pero ______________.

El próximo lunes ______________________.

Bueno, ahora ______________________.

Miguel

2. Lee el siguiente anuncio del periódico en el que Carolina solicita empleo y responde a las preguntas.

Me llamo Carolina. Tengo 25 años. Estudio matemáticas y solo tengo que hacer un examen para terminar. Necesito trabajar para pagar mis estudios. Puedo dar clases de matemáticas a niños. Mi horario disponible es de **17 h. a 21 h**. Mi correo electrónico es: **carolmate@carol.dif**

a. ¿Qué frase utiliza Carolina para presentarse?

▶ ....

b. ¿Qué información da para describirse?

▶ ....

c. ¿Con quién puede trabajar?

▶ ....

d. ¿Qué horario tiene disponible?

▶ ....

e. ¿Cómo se puede contactar con ella?

▶ ....

3. Buscas clases particulares para aprobar un examen. Pon un anuncio en el tablón de tu escuela. Tienes que decir:

- Qué tipo de clases necesitas y para qué materia.
- Cuánto puedes pagar.
- Cuántas horas y qué días.

EXPRESIÓN E INTERACCIÓN ORALES LAS CLAVES DE LA TAREA 2

EN QUÉ CONSISTE	FORMATO	TIPO DE TEXTO
Tienes que dar información básica sobre ti y sobre tu entorno más cercano. Hablar de ti o de otras personas que conoces bien, sobre quiénes son, cómo son, dónde viven, a qué se dedican, qué les gusta, etc. Tienes un tiempo previo de 15 minutos para prepararte esta tarea.	Debes ser capaz de hablar con enunciados breves y sencillos sobre los temas que te preparas previamente al examen. Debes seleccionar 3 de las 5 opciones que tiene la lámina que te van a enseñar.	Lámina en forma de asociograma con un tema central y varios puntos relacionados con ese tema.

Instrucciones

Debes seleccionar 3 de las 5 opciones que se te proporcionan para hablar durante 2 ó 3 minutos.

Ejemplo

Puedes hablar de:

- **Lugar:** ¿Cómo es tu lugar de trabajo / estudio?
- **Compañeros:** ¿Con quién trabajas o estudias?
- **Horario:** ¿Qué horario tienes?

POSIBLE EXPOSICIÓN DE ESTAS OPCIONES

Lugar: Quiero ser médico Estudio medicina en la universidad de Valencia. El edificio es muy antiguo y muy grande. Las clases también son muy grandes porque hay muchos estudiantes.

Compañeros: Hay muchos estudiantes de medicina. En mi clase somos unos 100, pero no conozco a todos. Mis compañeros me gustan, pero sólo tengo dos o tres amigos. Nos vemos todos los días en clase y después estudiamos juntos en la biblioteca.

Horario: Yo voy todos los días a la universidad desde las nueve hasta la hora de comer. Voy a la universidad en autobús. No está lejos de mi casa, a veces voy a pie. Los sábados y los domingos no voy, la universidad está cerrada.

Cuando el examinador te pida que cambies de tarea, debes informar sobre las tres opciones que te has preparado previamente.

Puedes prepararte un esquema por escrito durante el tiempo que te dan antes del examen. Este esquema es bueno que lo estructures por partes; primero un aspecto del tema, después el segundo y al final otro. Así con las tres opciones. Por ejemplo, este esquema puede responder a preguntas similares: "¿dónde?, ¿cuándo?, ¿cómo?", etc. De esta forma, no mezclas la información y es más fácil para ti seguir adelante.

Si te bloqueas o no sabes qué decir, puedes mirar la hoja que has preparado pero no puedes leerla.

Recuerda que es un monólogo y que el examinador no te va a hacer preguntas.

Ten en cuenta que aquí tienes cierta libertad. Aprovéchala. Si no recuerdas una palabra, utiliza un sinónimo o una palabra cercana "merluza" por "pescado", por ejemplo.

- No olvides saludar ("hola, buenos días, buenas tardes..."), pedir lo que deseas por favor o agradecer ("gracias, muchas gracias") si la situación lo requiere.
- Para preparar la prueba te puede resultar útil aprender algunas expresiones clave de cada situación (en la tienda, en el banco, en el supermercado, etc.)
- Haz una lista de los interrogativos más frecuentes y su uso, mejor con ejemplos de uso.
- Cuando preguntes, haz preguntas cortas, solo lo necesario para resolver la situación.
- Si no entiendes o no escuchas bien una intervención del examinador, pídele que repita: "Perdone, ¿puede repetir, por favor?"
- Al principio de la prueba el entrevistador y tú decidiréis si vais a hablaros de "tú" o de "usted". Recuerda que debes mantener esta elección a lo largo de toda la prueba.

Más actividades para practicar la expresión e interacción orales

1. Este es un día normal en la vida de Sofía. Explica a tu compañero qué hace en cada una de las imágenes. ¿Puedes inventar algunas cosas sobre su vida?

2. Ahora cuenta a tu compañero cómo es un día normal tuyo, como has hecho con Sofía.

Yo, en mi tiempo libre...
Mis amigos son...
Me levanto muy temprano...
Mi familia está compuesta por...
Cuando vuelvo a casa tengo que...

3

Mi casa, mi barrio, mi ciudad

En esta unidad vamos a hablar de nuestra ciudad, de nuestro barrio y de nuestra casa.

Para ello vamos a aprender:

Recursos para la comunicación

› Rellenar formularios con los datos personales › Dar indicaciones para moverse por la ciudad › Dar y pedir información sobre la vivienda › Describir tipos de vivienda › Hablar de bebidas, de comidas y de menús › Desenvolverse en restaurantes y en tiendas de ropa

Léxico

› Establecimientos y servicios de una ciudad › Bebidas y alimentos › Muebles › Ropa

Gramática

› Usos de **hay** y **estar** › Adverbios y locuciones adverbiales de lugar › El artículo indeterminado › Los demostrativos › Los numerales ordinales › Los pronombres de OD **lo, la, los, las** › El pronombre relativo **que** › Los números ordinales

Cultura

› Platos típicos de la cultura hispana

La ciudad
- Moverse en a ciudad ¿Dónde está el cine?
- Dar información ¿Cuántos habitantes tiene?
- Establecimientos ¿Dónde comemos?
  - La tienda ¿Puedo pagar con tarjeta?
  - El restaurante La cuenta, por favor.

La casa
- Describir ¿Está bien comunicada?
- Muebles y habitaciones ¿Tiene jardín?
- Comprar y alquilar Se vende piso.

1 En la ciudad

A. ¿En qué lugares de la ciudad puedes hacer estas cosas?

Comprar una caja de aspirinas. ______

Recibir ayuda si te roban el bolso. ______

Tomar un tren. ______

Cambiar dinero. ______

Comprar unos pantalones. ______

Visitar una exposición. ______

Jugar al fútbol al aire libre o sentarse a descansar. ______

cerca de...
lejos de...
enfrente de...
al lado de...
detrás de...
al final de...
a la derecha de...
a la izquierda de...
entre...y...

En mi barrio hay un supermercado muy barato. Está muy **cerca de** mi casa.

B. Fíjate en el mapa. ¿Qué cosas hay y dónde están?

En el barrio hay una farmacia. Está enfrente de la plaza.

C. Y en tu barrio, ¿qué cosas hay y dónde están?

En mi barrio hay un parque. Está detrás de la iglesia.

D. Hazle preguntas a tu compañero acerca de su barrio. ¿Te gustaría vivir en él? ¿Por qué?

● *¿En tu barrio hay cines?*
○ *Sí, hay uno muy bueno.*

2 En la oficina de Correos

A. Mira esta carta y escribe la palabra que corresponde:

país
apellido
número
puerta
código postal
calle
ciudad
nombre
piso

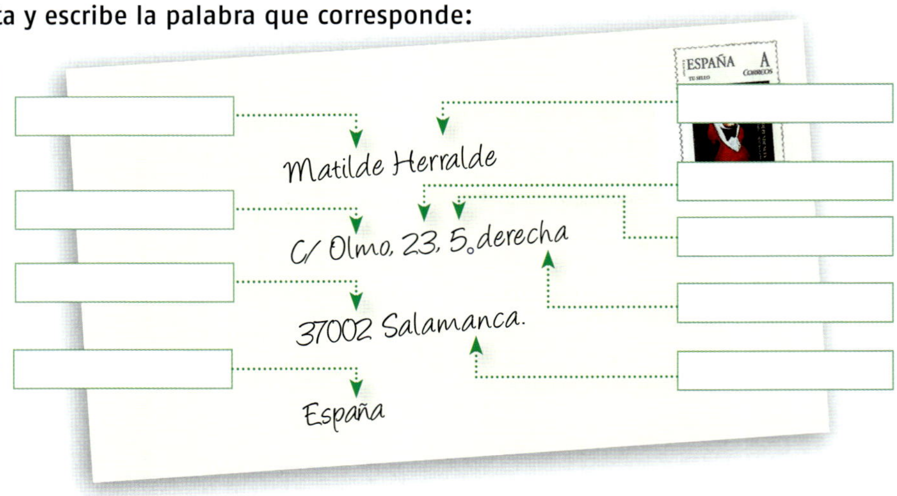

B. ¿Sabes a qué corresponden estas abreviaturas? Relaciónalas con los elementos de la derecha.

1. C/	**4.** Pza.
2. Avda.	**5.** nº
3. p.º	**6.** C. P.

• número ☐ • calle ☐
• plaza ☐ • paseo ☐
• código postal ☐ • avenida ☐

32 **C.** Escucha ahora a esta persona y completa el formulario con sus datos personales.

CORREOS — Formulario de envío postal

Nombre:	Dirección:		Código postal:
Apellido(s):	Número:	Piso:	Población:

D. Cumplimenta a continuación el formulario con tus propios datos.

CORREOS — Formulario de envío postal

Nombre:	Dirección:		Código postal:
Apellido(s):	Número:	Piso:	Población:

E. ¿Puedes ahora redactar la información que has escrito en forma de texto?

Me llamo Jorge López y vivo en...

3 Sobre el mapa

A. Inés ha escrito a Juanjo para explicarle cómo llegar al bar donde van a tomar algo esta noche. Lee el mensaje y marca el itinerario en el mapa.

Para: Inés <ines88@hotmail.com>
De: Juanjo
Asunto: Esta noche

Hola, Juanjo:

El bar de esta noche se llama Pónme otra y está en la plaza de Santa Isabel. Tienes que coger el metro, la línea 4, hasta la parada de Parlamento.
Allí caminas 100 metros y tomas la segunda calle a la derecha. Cruzas tres calles y llegas a una plaza, que es la plaza de Santa Isabel. El bar está al lado de la panadería, enfrente del cine.
Si tienes algún problema, puedes llamarme al móvil.

Un beso y hasta luego.
Inés

tomar / coger una calle

la primera a la derecha / la izquierda

ir / seguir todo recto

girar a la derecha / la izquierda

llegar a una plaza / un semáforo / un cruce

B. Describe ahora el itinerario que hay que seguir para llegar desde el bar al cine, desde la parada de metro al centro comercial y desde la parada de metro Parlamento a la parada de autobús 65.

4 ¿Cuántos habitantes tienen?

A. ¿Cuántos habitantes crees que tienen estas ciudades? Escribe un número aproximado y luego comprueba con la grabación. (33)

Ciudad de México ....
Buenos Aires ....
Barcelona ....
Caracas ....
Madrid ....
La Habana ....

B. ¿Y tú? ¿Vives en un pueblo o en una ciudad? ¿Cuántos habitantes tiene?

Yo vivo en una ciudad pequeña. Tiene 60.000 habitantes.

VIVIR

vivo
vives
vive
vivimos
vivís
viven

Vivo en Caracas.

5 Se vende o alquila

A. Mira los planos de estas casas. ¿Cómo se llaman las cosas señaladas? Escríbelo al lado de cada flecha.

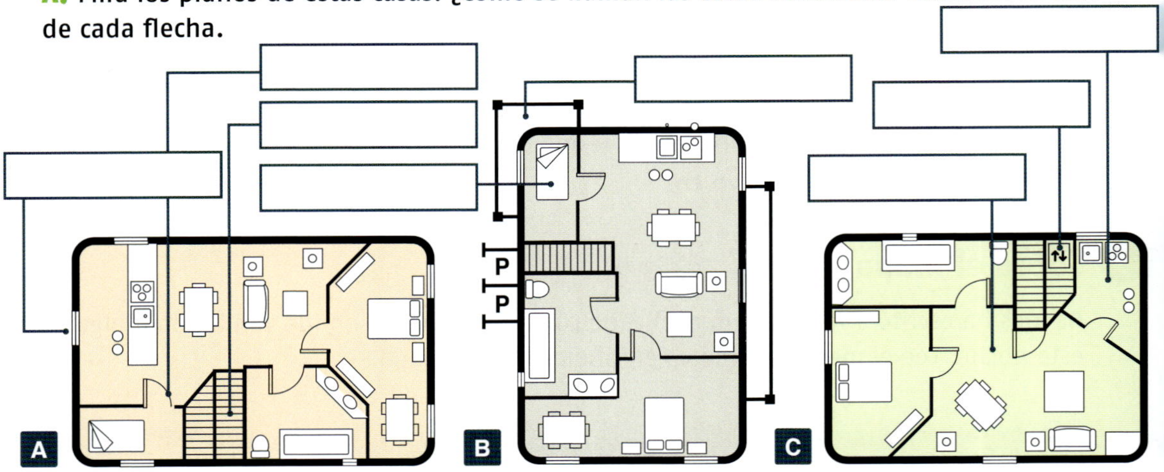

B. Lee ahora los anuncios. ¿A qué vivienda corresponde cada uno?

SE VENDE ☐
Piso exterior, luminoso, dos dormitorios, baño y cocina americana. Céntrico y bien comunicado. Sin ascensor. Aire acondicionado y calefacción central.
150 000 euros Tel. 93 456 3900

SE ALQUILA ☐
Habitación amueblada en piso compartido. Interior, tranquilo, terraza propia y jardín comunitario. Garaje. Zona La Granja. **300 euros** al mes. Interesados llamar al 986 11 34 59

ÁTICO EN VENTA ☐
Interior. Nuevo. Una habitación, baño y cocina. Calefacción. Con ascensor. **130 000 euros**. Contacto: 987 550 938

C. Fíjate ahora en esta vivienda y escribe un anuncio como los del apartado B.

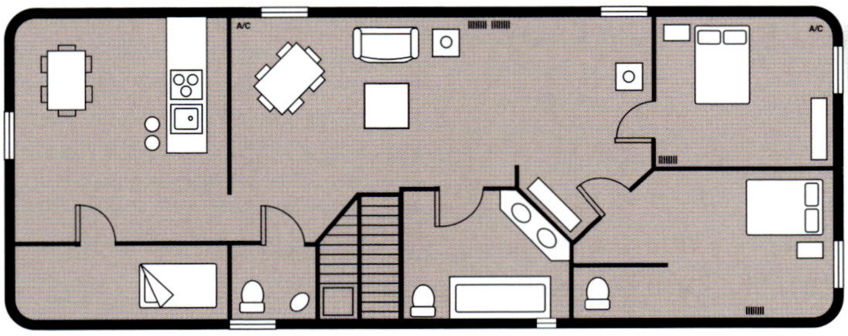

D. Pídele a tu compañero que te describa su casa o su habitación y descríbele tú la tuya. Contesta a las preguntas que te haga.

- *¿Cómo es tu casa ?*
- ○ *Pues vivo en un piso.*

6 ¿Cuánto cuesta el alquiler?

34 Escucha esta conversación telefónica en la que una persona pide información sobre una vivienda. Anota las respuestas.

Descripción del piso:
Número de habitaciones:
Situación:
Comunicación:
Comodidades (calefacción, garaje...):
Precio del alquiler:

Pedir información sobre una vivienda que quieres comprar o alquilar

¿Cómo es el **piso** / **chalet** / **apartamento**?

¿Cuántas habitaciones tiene?

¿Cuánto cuesta / **es** el alquiler?
¿Qué precio tiene?
¿Dónde está?

¿Está **bien comunicado**?

¿Tiene **calefacción** / **aire acondicionado** / **terraza** / ...?

¿Es **tranquilo** / **nuevo** / **antiguo**?

7 El menú del día

A. ¿Conoces estos platos de la cocina española? Relaciónalos con sus ingredientes. Algunos ingredientes se pueden repetir en varios platos.

tomates, vinagre, huevo, patatas, aceite, atún, arroz, pepino, pollo, sal, cebolla, marisco, lechuga, ajo, pimientos

paella

gazpacho

tortilla

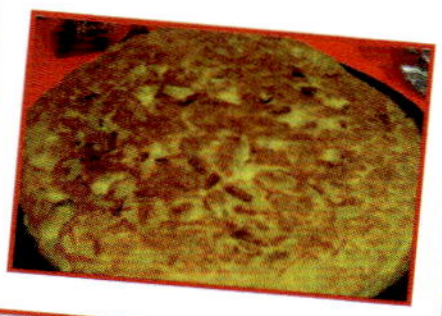

ensalada mixta

B. ¿Qué otros alimentos conoces? Ordénalos en estos grupos.

Frutas | **Verduras** | **Lácteos** | **Carnes** | **Pescados** | **Cereales**

8 ¿Cómo tomas el café?

A. ¿Cómo se pueden tomar estas bebidas? Completa la tabla.

SE PUEDE TOMAR	
el café	*solo, cortado, con leche, con hielo...*
el té	
el agua	
la leche	
el vino blanco	
la cerveza	
las infusiones	

Los pronombres de objeto directo (OD) en la tercera persona.

SINGULAR	PLURAL
lo	los
la	las

B. ¿Puedes formar frases con tus hábitos utilizando los pronombres de OD?

Yo el café lo tomo con leche, el agua la tomo sin gas.

C. Comenta ahora tus hábitos con tu compañero. ¿Coincidís en algunas cosas?

- Yo el café lo tomo sin azúcar.
- Pues yo no tomo café, no me gusta.

9 Un plato de mi país

A. ¿Sabes a qué plato se refiere esta descripción? Escoge la respuesta correcta.

Es un plato típico de Venezuela y Colombia. Es una especie de torta pequeña de harina de maíz. Puede ser salada o dulce. Normalmente la comes rellena, por ejemplo de queso.

☐ **burrito** ☐ **arepa** ☐ **ceviche**

El gallopinto **es** un plato típico de Costa Rica. **Lleva** judías y arroz.
La arepa es **una especie / un tipo de** torta...
Los tortellini son **un tipo de** pasta...

B. Escribe un menú típico de tu país y explica qué tipo de alimentos lleva cada plato.

Menú

....

....

....

C. ¿Cuáles son tus platos favoritos? ¿Qué ingredientes llevan? Comenta con tu compañero.

Mi plato favorito es el Apfelstrudel. Es un pastel de manzana típico de Austria. Lleva manzanas y pasas.

10 ¡La cuenta, por favor!

Expresiones que puedes utilizar en un restaurante

De primero / segundo / postre quiero...
De / para beber...
Voy a tomar...
La cuenta, por favor.

A. ¿Puedes ordenar este diálogo entre dos clientes y un camarero en un restaurante?

- ○ Pues yo, de primero quiero un gazpacho y de segundo la lubina.
- ○ Muy bien. ¿Fumadores o no fumadores?
- ○ Muy bien. Y para beber, ¿qué quieren?
- ○ Agua mineral sin gas y una botella de vino tinto, por favor.
- ○ Pueden sentarse en esta mesa. Aquí tienen el menú. Los platos del día son sopa de puerros y lubina al horno.
- ○ No fumadores.
- ○ Yo quiero la sopa y de segundo un revuelto de gambas, por favor.
- ○ Buenas tardes, queríamos una mesa para dos personas, por favor.

35 **B.** Ahora escucha y comprueba.

11 Una cama es un mueble que...

A. Une los elementos de las columnas para formar definiciones.

Oaxaca	es un postre español	que sirve	en Perú.
Un museo de arte	es un mueble	que se hace	en México.
Un comedor	es un dulce argentino	que está	obras de arte.
El flan	es una habitación	que tiene	leche y azúcar.
Machu Pichu	es un edificio	que se usa	para comer.
El dulce de leche	son unas ruinas incas	que lleva	para dormir.
Una cama	es una ciudad	que están	con huevo o vainilla.

El pronombre relativo **que** te puede ser muy útil para hacer una definición.

El gazpacho es una sopa fría de tomates **que** comemos en verano.

B. Ahora escribe tú tres definiciones más.

12 Lo/la/los/las

A. ¿A qué crees que se refieren las palabras destacadas?

a) No **la** veo mucho, solo las noticias y alguna película, por la noche. ....

b) **Lo** tenemos en el salón y nos sentamos en él a charlar o descansar. ....

c) ¿**La** cierras, por favor? Hace un poco de frío. ....

d) No **la** encuentro. ¿Puedo pagar en efectivo? ....

e) ¿No **las** tienes? ¿Y cómo vamos a entrar en casa? ....

B. Ahora piensa tú en un objeto y escribe una frase como estas. Tu compañero debe adivinar a qué se refiere la frase.

● *Lo usas en verano para proteger la cabeza del sol.*

○ *¿Es un sombrero?*

13 Los demostrativos

Fíjate en el contexto de cada frase y escribe el demostrativo que falta.

este coche
esta señora
estos bares
estas chicas
esto Ø

ese coche
esas señoras
esos bares
estas chicas
eso Ø

aquellos coches
aquella señora
aquellos bares
aquellas chicas
aquello Ø

A) .... café es descafeinado, ¿no?

B) ¿Qué es ....?

C) Mira, Gonzalo, ... es mi apartamento.

D) .... montañas son Los Andes, ¿no?"

14 Palabras

A. Clasifica estas palabras en grupos.

plaza	*cerveza*	*falda*	*huevos*	*silla*	*restaurante*	*lavabo*	*apartamento*	
paseo	*ascensor*	*pescado*	*estantería*	*banco*	*leche*	*hospital*	*piso*	*camisa*
museo	*verdura*	*avenida*	*vino*	*estudio*	*armario*	*tienda*	*zapatos*	*ducha*

B. ¿Puedes completar cada grupo con otras palabras que conoces?

15 Un/una/unos/unas

un hombre
unos hombres
una mujer
unas mujeres

A. Completa con **un/una/unos/unas.**

1. Buenos días, quiero ____ gafas de sol, por favor.
2. Mi habitación es muy pequeña y solo tengo ____ cama, ____ silla,____ escritorio y ____ armario.
3. Necesito ____ zapatos para la boda de Jorge y Laura.
4. ¿Quieres ____ café?
5. Esta tarde voy al cine con ____ amigas. ¿Quieres venir?
6. Tenemos ____ calamares a la romana muy ricos.

16 Un sándwich...

A. ¿Qué complementos suelen acompañar a estas palabras en español? Escoge el adecuado.

1. sándwich ___	8. tienda ___
2. bocadillo ___	9. pagar ___
3. fruta ___	10. café ___
4. paella ___	11. tarjeta ___
5. huevos ___	12. estación ___
6. menú ___	13. centro ___
7. información ___	14. museo ___

a) mixto	h) de arte
b) del día	i) del tiempo
c) turística	j) comercial
d) en efectivo	k) de marisco
e) de alimentación	l) de crédito
f) de tren	m) fritos
g) de jamón	n) con leche

17 La maleta de María

A. Mira estas tres maletas y escribe qué hay en cada una.

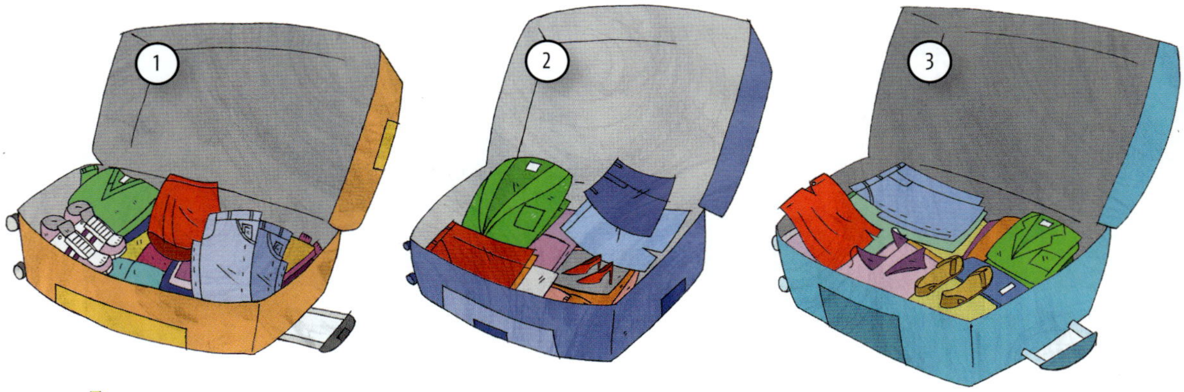

En la maleta 1 hay una falda roja.
En la maleta 2 hay...

36 **B.** María ha perdido su maleta. Escucha la descripción que hace en la oficina de equipaje extraviado e identifícala.

Maleta [ ]

C. Y tú, cuando vas de vacaciones, ¿qué llevas para quince días en la playa?, ¿para un fin de semana en invierno en otra ciudad? y ¿ para una semana de excursión por la montaña?

18 En la tienda de ropa

A. Ordena este diálogo entre el vendedor y el cliente de una tienda de ropa.

__ **Cliente:** La 42.
__ **Vendedor:** Mire. Tenemos varios modelos. ¿Qué color quiere?
__ **Vendedor:** Puede probarse estos.
__ ...
__ **Vendedor:** ¿Qué talla necesita?
__ **Cliente:** Muy bien, ¿puedo pagar con tarjeta?
__ **Cliente:** Buenos días. Sí, busco unos pantalones vaqueros.
__ **Cliente:** Me gustan. Me los quedo.
__ **Vendedor:** Buenos días, ¿puedo ayudarle en algo?
__ **Vendedor:** No, lo siento, solo en efectivo.
__ **Cliente:** Azul.
__ **Vendedor:** Muy bien. Pues son 45.
__ **Vendedor:** ¿Qué tal le quedan?

B. ¿Puedes ahora completar este diálogo con estas sandalias?

Vendedor: Buenos días, ¿puedo ayudarle en algo?
Cliente: ....
Vendedor: ¿Qué color quiere?
Cliente: ....
Vendedor: ¿Qué número necesita?
Cliente: ....
Vendedor: Puede probarse estas.
Vendedor: ¿Qué tal le quedan?
Cliente: ....
Vendedor: Muy bien. Pues son 62.
Cliente: ¿ ....?
Vendedor: No, lo siento, solo en efectivo.
Cliente: ....

19

Completa ahora tu propio esquema con lo que has aprendido en esta unidad. Fíjate en el que tienes en la portada de la unidad.

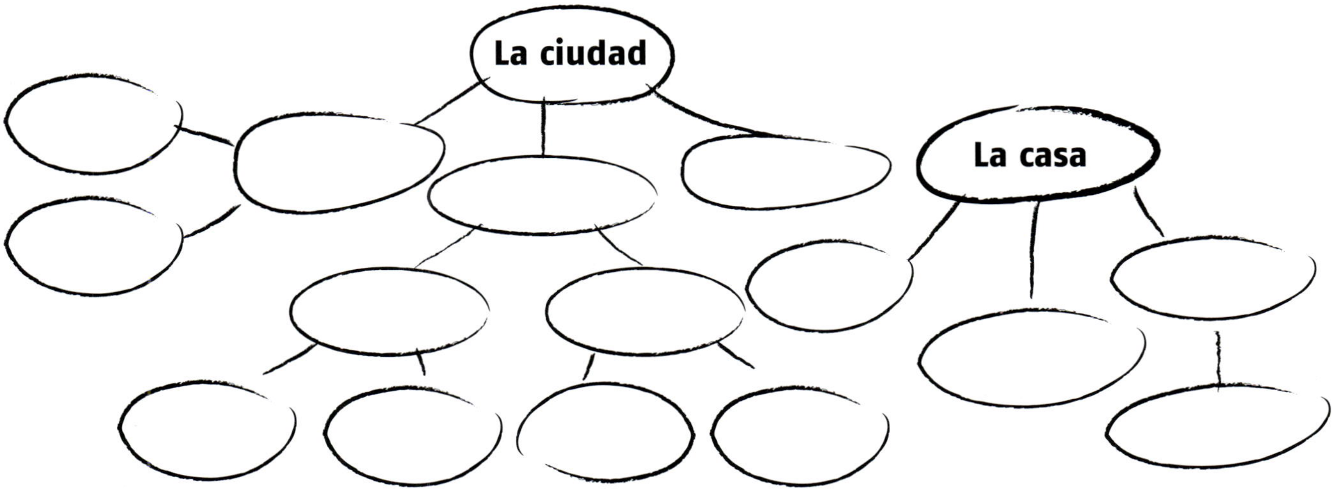

EL ARTÍCULO INDETERMINADO

	masculino	femenino
singular	**un** apartament**o**	**una** viviend**a**
plural	**unos** apartament**os**	**unas** viviend**as**

*En mi pueblo hay **un** palacio del siglo XV.*
*Estos son Mario y Laura, **unos** amigos de Juan.*
*Vive en **un** apartamento de tres habitaciones.*

LOS DEMOSTRATIVOS

	cerca de quien habla	cerca de quien escucha	lejos de ambos
masculino singular	**este** (coche)	**ese** (coche)	**ese/aquel** (coche)
femenino singular	**esta** (casa)	**esa** (casa)	**esa/aquella** (casa)
masculino plural	**estos** (coches)	**esa** (coches)	**esos/aquellos** (coches)
femenino plural	**estas** (casas)	**esas** (casas)	**esas/aquellas** (casas)

- *¿Me das **ese** abrigo, por favor?*
- *¿Qué abrigo, **este**?*
- *No, **ese**, el negro.*

LOS DEMOSTRATIVOS NEUTROS

	cerca de quien habla	cerca de quien escucha	lejos de ambos
neutro	esto	eso	eso/aquello

***Eso** que dices es muy interesante.*
***Esto** es un reproductor mp3.*

! ***Este*** *es Miguel.* ***Esto*** ~~*es Miguel.*~~
Este *chico es Miguel.* ***Esto*** ~~*chico es Miguel.*~~

! No tienen plural.

***Esto** es un regalo de Ana. → **Esto** son unos regalos de Ana.*
***Ese** es Jon. → **Esos** son Jon y Nacho.*
(***Esos*** es el plural de ***ese***).

Los demostrativos y los adverbios de lugar

aquí	ahí	allí
este esta estos estas esto	ese esa esos esas eso	ese/aquel esa/aquella esos/aquellos esas/aquellas eso/aquello

***Esa** ventana de **ahí** es la de mi habitación.*

! ***Esto** de **aquí** es el nuevo museo de arte contemporáneo.*

! En Latinoamérica se utiliza también ***acá*** y ***allá***.

LOS NUMERALES ORDINALES

del 1 al 10
primero
segundo
tercero
cuarto
quinto
sexto
séptimo
octavo
noveno
décimo

! primero = 1º primera = 1ª
primero → primer

*Vivo en el **quinto** piso,*
*en la **segunda** puerta.*
*Vivo en el **tercer** piso.*

Pero:
- *¿En qué piso vives?*
- En el ***tercero***.

LOS PRONOMBRES ÁTONOS DE OBJETO DIRECTO LO, LA, LOS, LAS

*Escribo **una carta** para Laura. → **La** escribo para Laura.*
*Desde mi ventana veo **el mar**. → Desde mi ventana **lo** veo.*

EL PRONOMBRE RELATIVO QUE

*Íñigo es un amigo **que** vive en Madrid.*
*Malena y Vera son nombres **que** me gustan mucho.*
*Punta Arenas es una ciudad **que** está en el sur de Chile.*

ADVERBIOS Y LOCUCIONES ADVERBIALES DE LUGAR

El aeropuerto está lejos del barrio.
Muy cerca del aeropuerto hay un estadio de fútbol.
A la izquierda de Correos hay un banco y a la derecha un bar.
Correos está entre el banco y el bar.
Enfrente del bar está el parque de Ramón y Cajal. Detrás de Correos está el cine Sol.

HAY

*Esta tarde **hay** una fiesta en casa de Pilar.*
*En este barrio **hay** muchos bares de copas.*
*Ana, en la puerta **hay** un hombre que quiere hablar contigo.*
***Hay** cosas que no puedes comprender.*

ESTAR

*¿Dónde **está** tu hermana? **(Está)** en Cádiz, de vacaciones.*
*Medellín **está** en el noroeste de Colombia.*
*Silvia, ¿dónde **están** mis gafas?*

COMPRENSIÓN DE LECTURA LAS CLAVES DE LA TAREA 3

En qué consiste	Formato	Tipo de texto
En esta tarea tienes que reconocer nombres, palabras o frases completas en notas, letreros, carteles, etc. Debes ser capaz de captar el sentido general de material informativo e instrucciones de uso frecuente y de descripciones breves y sencillas, sobre todo con apoyo visual. También debes poder extraer información específica de textos informativos o instrucciones muy breves de uso muy común.	Consta de 6 ítems de respuesta preseleccionada. Debes relacionar textos breves con declaraciones de personas.	Pueden ser textos breves con imágenes de instrucciones, folletos, anuncios, catálogos, etc.

Instrucciones

Lee estos anuncios de viviendas y relaciona cada uno con la afirmación correspondiente. Hay tres anuncios que no debes seleccionar.

Marca tus opciones en la **Hoja de respuestas.**

Ejemplo

Este verano mi familia y yo queremos pasar unos días en una casa en la playa.

La respuesta correcta es el anuncio A. Márcala en la hoja de respuestas.

A	J	H	F	E	G	B	D
×							

0- Este verano mi familia y yo queremos pasar unos días en una casa en la playa.

1- Soy estudiante y busco un piso para compartir. Puedo pagar hasta 300 euros.

2- Me encanta la montaña y quiero comprar una casita en algún lugar de montaña.

3- Me encanta el mar y quiero comprar un apartamento en la costa.

4- Voy a hacer un curso de verano de dos meses y necesito un lugar donde vivir. No puedo pagar más de 350 euros.

5- Quiero comprar un estudio pequeño y con encanto para mí solo.

6- En nuestra familia somos cuatro y buscamos un piso céntrico, grande, con ascensor y bien comunicado para comprar.

7- Somos cuatro amigos y queremos pasar quince días en la montaña.

A	B	C	D	E	F	G	H	I	J
0	6		7	4	3	5	2		1

Se alquila chalet en Punta Umbría, Huelva. 500 m², jardín con piscina, 6 dorm., en zona residencial. Tranquilo y elegante. Playa a 200 metros. A

Se vende piso en el centro de Sevilla. 110 m². 4 dorm. Cocina americana, balcón. Aire acondicionado. Ascensor. Muy bien comunicado. B

Se alquila ático en el **casco histórico de Madrid.** 3 dorm. 65m². Sin ascensor. Luminoso. Calefacción eléctrica. **850 euros al mes.** C

Se alquila casa rural en los Picos de Europa, Asturias. 4 habitaciones, cocina, 2 baños, calefacción. Ambiente rústico. **300 euros /semana.** D

Se alquila habitación en residencia de estudiantes en **Santiago de Compostela** durante los meses de julio y agosto. 20m², luminosa, amueblada. **300 euros/mes** E

Se vende apartamento en el Puerto de Santa María, Cádiz. Enfrente de la playa. 2 habitaciones, baño y terraza. Piscina comunitaria. *Precio a negociar.* F

Se vende estudio abuhardillado en el barrio de Gracia, en **Barcelona.** Edificio antiguo, completamente restaurado. Mucho encanto. Ascensor. 25m². **150 000 euros.** G

Se vende cabaña de montaña en la sierra de Francia, Salamanca. 2 habitaciones, chimenea, horno de leña, baño y cocina de gas. **Llamar al 923 45 10 49** H

Se vende apartamento exterior de nueva construcción en bloque de pisos. Urbanización Valdeluz, **Guadalajara**. A cinco minutos de la estación de tren del AVE. 3 habitaciones, salón, cocina, baño. **300 000 euros.** I

Se alquila habitación en piso compartido con tres estudiantes en San Sebastián. Habitación de 15 m². Cocina y baño comunes. Patio interior. Trastero. **250 euros/mes.** J

Explicación de las respuestas

1-J: El estudiante necesita una habitación y en el anuncio J se ofrece una en un piso con otros estudiantes.

2-H: Solo hay dos anuncios con viviendas de montaña: en Asturias y en Salamanca, pero en Asturias se alquila, no se vende.

3-F: Los anuncios A y F son de viviendas en la playa, pero A se alquila y F se vende. Si quieren comprar, deben escoger el anuncio F.

4-E: Los meses de verano son sobre todo julio y agosto. Justo en estos meses se alquila una habitación en un residencia de estudiantes. El precio no sobrepasa los 350 euros.

5-G: El estudio que se anuncia en G es pequeño e ideal para una persona. Es céntrico y, según el anuncio, tiene mucho encanto.

6-B: Una familia con dos hijos que necesita un piso grande y céntrico puede estar interesada en el piso de Sevilla, que mide 110 metros y tiene cuatro habitaciones. Está en el centro de la ciudad y tiene ascensor.

7-D: La casa rural en la montaña tiene cuatro habitaciones y se alquila por semana.

Recuerda que en este tipo de textos es frecuente utilizar abreviaturas. Antes de contestar, asegúrate de que entiendes las que necesitas.

A veces, debes responder por eliminación. Si te parece que hay dos respuestas posibles para una pregunta, deja esa pregunta para más tarde y responde primero aquellas que ves más claras.

Algunas preguntas pueden implicar ciertos conocimientos del mundo (de geografía en este caso).

Si no te sientes seguro, empieza respondiendo las preguntas que te parecen más evidentes.

Lee las frases tranquilamente y no te precipites en responder.

Si no tienes fotografías que ilustren los textos, imagina cómo pueden ser estas viviendas y sus características. Esa imagen mental te puede ayudar a resolver algunas preguntas.

Recuerda que debes marcar las respuestas en la hoja de respuestas.

Más actividades para practicar la comprensión de lectura

1. **Esta es una página web que vende ropa por Internet. Fíjate bien y contesta a las preguntas.**

a) ¿De qué tallas pueden ser las faldas?

b) ¿De qué material son los jerseys?

c) ¿Qué precio tiene el cinturón?

d) ¿De qué colores pueden ser los zapatos?

2. **En una revista han preguntado a varias personas que están buscando casa cómo es su casa ideal. Lee sus respuestas y contesta las preguntas.**

¿Para quién es importante la luz?

....

¿Qué criterio debe cumplir el piso de Ignacio?

....

¿Quién quiere vivir en el campo?

....

¿Cuántas habitaciones necesita Luis?

....

¿En qué ciudad quiere vivir Marga?

....

Marga, 21 años, estudiante
Yo ahora justamente busco un piso en el centro de Valencia. Algo sencillo, pero con mucha luz y un balcón para el verano. No pido mucho, ¿no?

Luis, 45 años, abogado
Para nosotros lo ideal es un chalet con un jardín muy grande. Tengo tres hijos, así que necesito cinco habitaciones y un mínimo de tres baños. Quiero vivir en una zona tranquila, sin ruido.

Adela, 37 años, médico
Yo vivo ahora en un piso en un barrio céntrico de la ciudad, pero me quiero ir a vivir al campo, en una casa de pueblo pequeña, con un pequeño jardín y una huerta. Lo demás no es importante.

Ignacio, 73 años, jubilado
Yo necesito un piso con ascensor, porque tengo problemas para subir escaleras. Puede ser un piso pequeño.

COMPRENSIÓN AUDITIVA LAS CLAVES DE LA TAREA 2

En qué consiste	Formato	Tipo de texto
En esta prueba del examen vas a escuchar cinco mensajes muy breves transmitidos lentamente y debes relacionar cada uno de ellos con una imagen. Para ello, debes captar la idea general, así como información específica relacionada con horas, números, precios, etc.	Consta de 5 ítems de respuesta preseleccionada. Se trata de relacionar mensajes breves con imágenes.	Se trata de 5 avisos o mensajes muy breves, transmitidos cara a cara o por un servicio de megafonía.

37

Instrucciones

A continuación vas a escuchar cinco mensajes muy breves. Vas a oír cada intervención dos veces. Relaciona los textos con las imágenes.

Hay tres imágenes que no debes seleccionar. Después de la segunda audición marca la opción correcta en la **Hoja de respuestas**.

Ejemplo

Mensaje 0: ¿Me puede decir su código postal?

La opción correcta es la F. Márcala en la **Hoja de respuestas**.

A	J	H	F	E	G	B	D
			x				

Tablón 1	Tablón 2
Mensaje 0	F
Mensaje 1	E
Mensaje 2	H
Mensaje 3	C
Mensaje 4	A
Mensaje 5	B

Transcripción del audio

MENSAJE 0: ¿Me puede decir su código postal?
MENSAJE 1: No tomo azúcar, gracias.
MENSAJE 2: Por favor, ¿puede indicarme dónde está la parada de metro?
MENSAJE 3: El alquiler son 570 euros al mes.
MENSAJE 4: ¡La cuenta, por favor!
MENSAJE 5: Quiero esta camisa. ¿Puedo pagar con tarjeta de crédito?

Explicación de las respuestas

El mensaje 0 corresponde a la imagen F porque la mujer está en una oficina de correos y debe dar su dirección al empleado para hacer el envío. En la audición se pide el código postal

El mensaje 1 corresponde a la imagen E porque en la imagen una persona ofrece café a otra y en el audio se oye que alguien dice que toma el café sin azúcar.

El mensaje 2 corresponde a la imagen H porque en la imagen una persona, en la calle, parece preguntar a otra por algo y en el audio alguien pregunta por la parada de metro más cercana.

El mensaje 3 se corresponde con la imagen C porque en la imagen vemos a un agente inmobiliario que enseña un piso a una persona interesada y en el audio se oye información sobre el precio de un alquiler.

El mensaje 4 se corresponde con la imagen A porque se ve a un hombre en un restaurante, que ha terminado su comida y en el audio se oye cómo alguien pide la cuenta al camarero.

El mensaje 5 se corresponde con la imagen B porque en la imagen vemos a una mujer que tiene una camisa en la mano y en el audio oímos que alguien desea pagar una camisa y pregunta si puede pagar con tarjeta.

Recuerda que hay más imágenes que diálogos, así que siempre van a sobrar tres.

Antes de escuchar, fíjate en la fotografía y anticipa el tema del que puede tratar y repasa mentalmente algunas palabras y expresiones que suelen utilizarse en ese contexto.

Más actividades para practicar la comprensión auditiva

38–41

1. **Mira estos cuatro planos y escucha los diálogos. Relaciona cada plano con el diálogo correspondiente.**

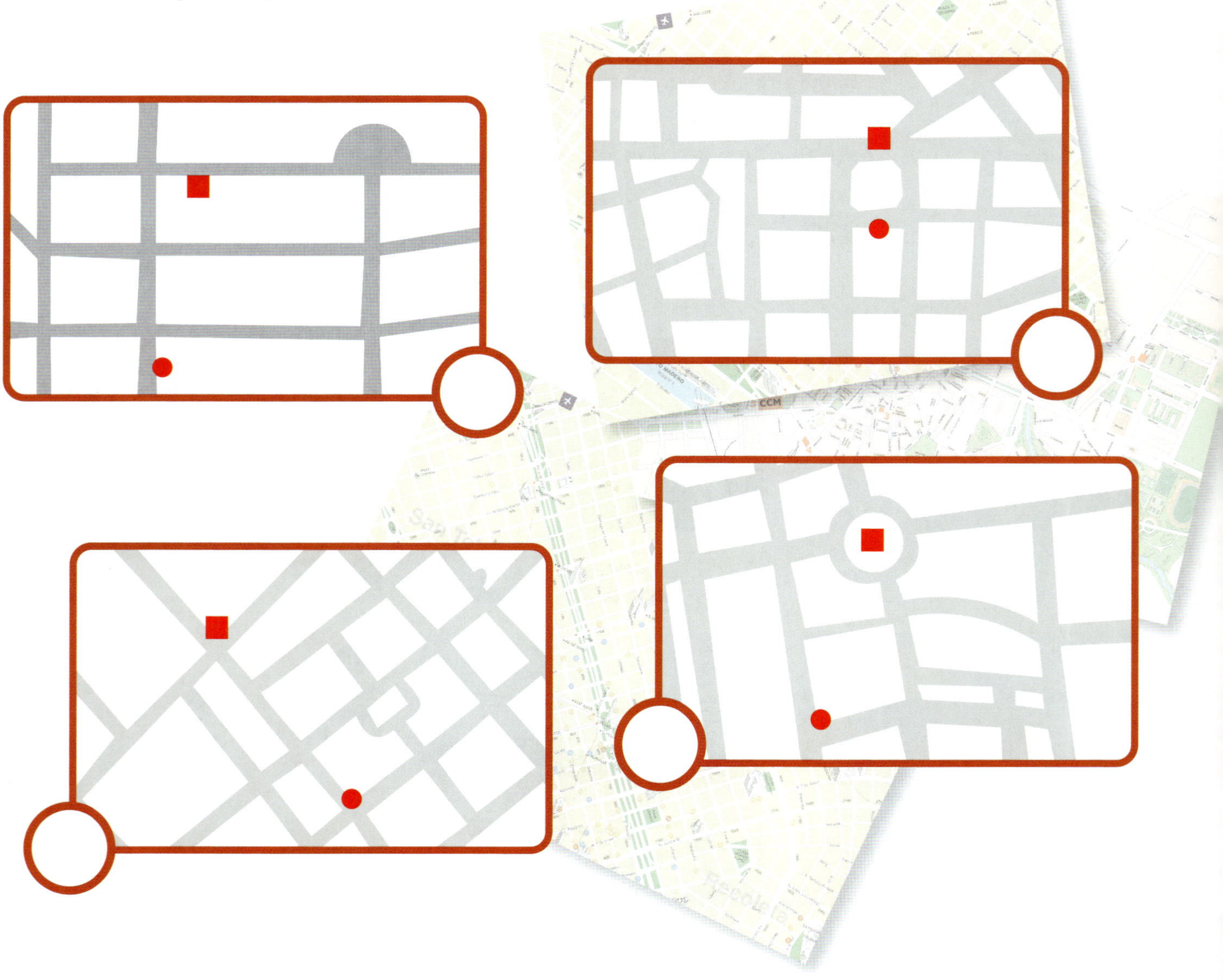

EXPRESIÓN E INTERACCIÓN ESCRITAS LAS CLAVES DE LA TAREA 1

EN QUÉ CONSISTE	FORMATO	TIPO DE TEXTO
Esta prueba consiste en escribir datos personales básicos y frases sencillas sobre ti o tu entorno inmediato.	Consta de 5 ítems de respuesta preseleccionada. Se trata de relacionar mensajes breves con imágenes.	Se trata de un formulario electrónico o en papel.

Instrucciones

Quieres comprar una de estas prendas de ropa en una tienda de venta por correo. Escoge la prenda y completa el formulario.

Nombre completo del cliente: ....

Dirección de envío: ....

Prenda: .... *Talla:* ....

Color: .... *Precio:* .... *Cantidad:* ....

Lee bien el formulario antes de escribir.

Recuerda que no es necesario dar información real. Si te resulta más sencillo o no recuerdas el vocabulario que necesitas para dar una respuesta, puedes inventar otra.

En las preguntas de respuesta más abierta escribe frases cortas y sencillas. Así tendrás menos posibilidades de equivocarte.

Después de completar el formulario, repasa de nuevo la ortografía para asegurarte de que no hay faltas. (tildes, **b**/**v**, **z**/**c**, etc.)

Más actividades para practicar la expresión e interacción escritas

1. En Navidad, tu empresa organiza una cena y cada empleado debe rellenar un formulario en el que escoge sus preferencias para decidir el menú. Completa el formulario.

formulario de empresa

Nombre completo: ....

Preferencias para el primer plato: ....

....

Preferencias para el segundo plato: ....

....

Preferencias para el postre: ....

Preferencias para la bebida: ....

¿Es usted vegetariano? .... ¿Bebe usted alcohol? ....

¿Es usted fumador o no fumador? ....

Otras observaciones: ....

....

....

2. Un amigo va a ir a visitarte en verano. Quiere saber cómo son tu barrio y tu ciudad. Escribe un breve correo electrónico en el que se lo cuentas.

Debes:

- saludar
- hablar de tu barrio
- hablar de tu ciudad
- despedirte

De:

Para:

Asunto:

EXPRESIÓN E INTERACCIÓN ORALES

LAS CLAVES DE LA TAREA 4

En qué consiste	Formato	Tipo de texto
Se trata de satisfacer necesidades inmediatas en transacciones o contactos sociales. Debes saludar o despedirte, realizar o responder a peticiones, plantear preguntas o reponder a estas.	Se trata de una serie de intercambios conversacionales breves, de 2 ó 3 turnos, con tu examinador. Que iniciaréis alternativamente tú y él.	4 láminas aportan estímulos visuales que sirven para iniciar el turno de palabra o reaccionar.

Instrucciones

ENTREVISTADOR	USTED
LÁMINAS 1 Y 2 PREGUNTAS	LÁMINAS 1 Y 2 RESPUESTAS
LÁMINAS 3 Y 4 PREGUNTAS	LÁMINAS 3 Y 4 RESPUESTAS

LÁMINA 1: El Entrevistador pregunta

LÁMINA 2: Usted responde

Posible pregunta del entrevistador: *Buenos días/Buenas tardes, ¿qué desea?*

Posible respuesta del alumno: *Buenos días, quiero/busco unos (pantalones) vaqueros de la talla cuarenta, por favor.*

LÁMINA 3: El Entrevistador responde

LÁMINA 4: Usted pregunta

o

Posible pregunta del alumno: *¿Quiere(s)/Prefiere(s) carne/un filete o pescado/merluza?*

Posible respuesta del entrevistador: *Pescado/Merluza, por favor.*

Explicación de las respuestas

Normalmente, cuando entras a una tienda de ropa, el dependiente te saluda y te pregunta "¿qué desea?" o "¿necesita ayuda?". La respuesta lógica es contestar informando sobre lo que necesitas, en este caso unos pantalones vaqueros de la talla 40. Recuerda que puedes omitir la palabra "pantalones" o decir también "un pantalón vaquero".

Debes dar a elegir entre un plato de pescado y uno de carne. Puedes utilizar cualquiera de las expresiones anteriores y puedes decidir si la pregunta es más general o quieres detallar el tipo de carne o pescado al que te refieres.

- Ten en cuenta que aquí tienes cierta libertad. Aprovéchala. Si no recuerdas una palabra, utiliza un sinónimo o una palabra cercana ("merluza" por "pescado", por ejemplo).
- No olvides saludar ("hola, buenos días, buenas tardes..."), pedir lo que deseas por favor o agradecer ("gracias, muchas gracias") si la situación lo requiere.
- Para preparar la prueba te puede resultar útil aprender algunas expresiones clave de cada situación (en la tienda, en el banco, en el supermercado, etc.)
- Haz una lista de los interrogativos más frecuentes y su uso, mejor con ejemplos de uso.
- Cuando preguntes, haz preguntas cortas, solo lo necesario para resolver la situación.
- Si no entiendes o no escuchas bien una intervención del examinador, pídele que repita: "Perdone, ¿puede repetir, por favor?".
- Al principio de la prueba el entrevistador y tú decidiréis si vais a hablaros de "tú" o de "usted". Recuerda que debes mantener esta elección a lo largo de toda la prueba.

Más actividades para practicar la expresión e interacción orales

1. Representa los diálogos con un compañero.

LÁMINA 1A PREGUNTA

LÁMINA 1B RESPUESTA

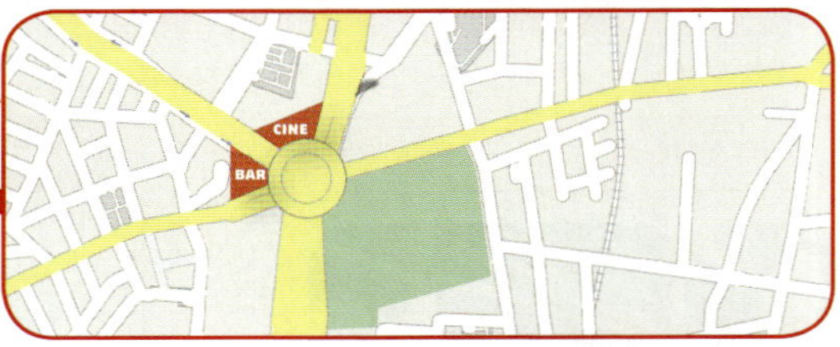

LÁMINA 2A RESPUESTA

Respuesta libre

LÁMINA 2B PREGUNTA

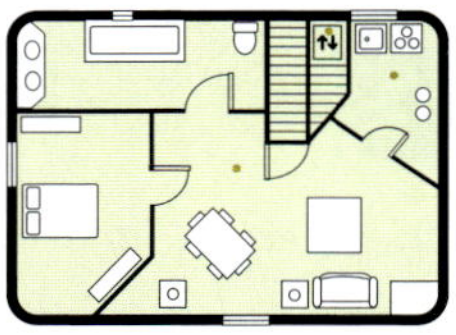

¿Lugar favorito?

2. Representa los diálogos con un compañero.

LÁMINA 1A PREGUNTA

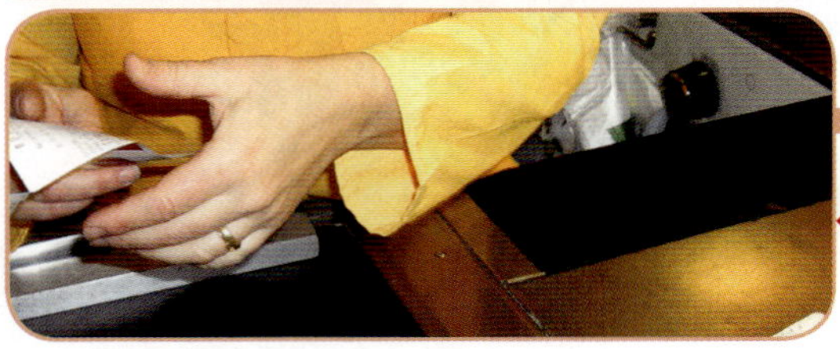

LÁMINA 1B RESPUESTA

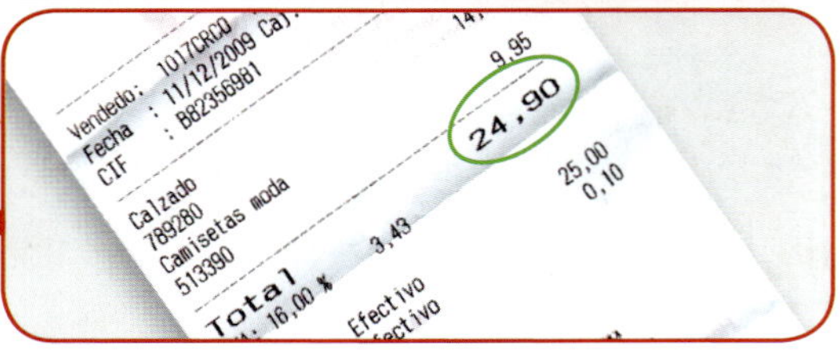

LÁMINA 2A RESPUESTA

39,90 €

LÁMINA 2B PREGUNTA

¿  ?

4

Mi tiempo libre

En esta unidad vamos a hablar de nuestros gustos, de lo que nos gusta hacer en nuestro tiempo libre a nosotros, a nuestros amigos y a nuestra familia.

Para ello vamos a aprender:

Recursos para la comunicación

› Dar información personal sobre el tiempo libre › Hablar sobre los gustos de otras personas de tu entorno › Dar información sobre las aficiones y los deportes que practicas › Opinar sobre los medios de comunicación que usas

Léxico

› El tiempo libre, las aficiones, los deportes › La oferta cultural en la ciudad › Los medios de comunicación › Vocabulario de la televisión, del cine, de la música...

Gramática

› El verbo **gustar** › Los pronombres **me/te/le/nos/os/le (a mí, a ti, a él/ella/usted,...)** › Uso de los cuantificadores **muy, mucho, mucho/a/os** › Valorar con **estar (muy/bastante) bien/mal** y **ser (muy/bastante/un poco/demasiado)** + adjetivo › Expresar opinión: **creer que** + Indicativo

Cultura

› La oferta cultural en España

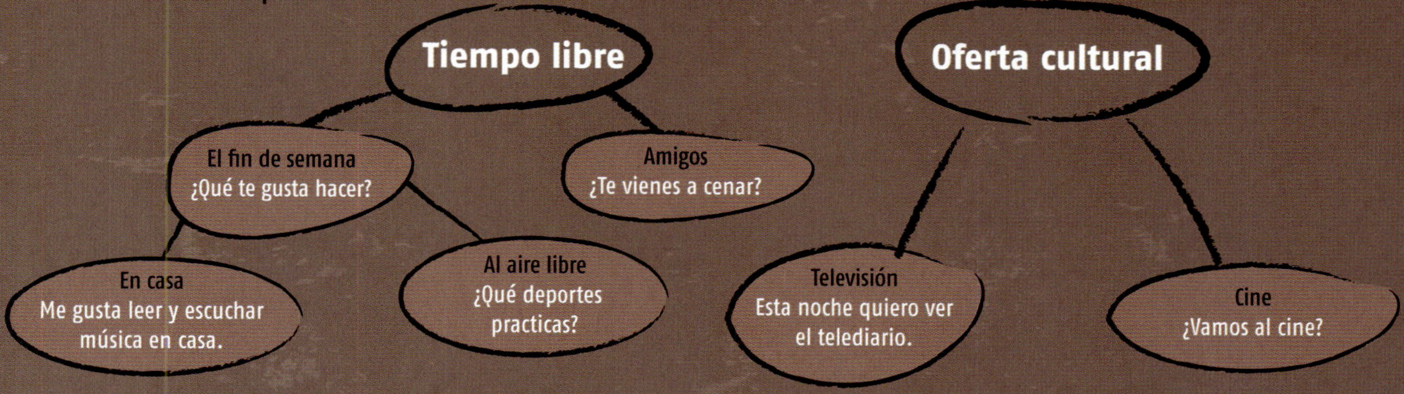

1 Acciones habituales

A. ¿Qué cosas puedes hacer en casa para divertirte? Relaciona las dos columnas. En algunos casos hay más de una posibilidad de relación.

leer
escuchar
escribir
ver
buscar

la radio
teléfono
una película
la televisión
información en internet
el periódico
una canción
música
una revista
correo electrónico

B. Escribe tres cosas diferentes que no están en la lista anterior:

1 > ....

2 > ....

3 > ....

2 Mis gustos

42/45 **A.** Escucha el siguiente programa de radio sobre el tiempo libre de los jóvenes españoles cuando están en casa. ¿Qué les gusta hacer? Completa el cuadro.

¿A los jóvenes españoles qué les gusta hacer cuando están en casa?

	le gusta + infinitivo	*le gusta...*	*le gustan...*
A Silvia			
A Chus			
A Antonio			
A Carmen			

B. Y a ti, ¿te gustan las mismas cosas que a los jóvenes españoles? Escribe tres o cuatro cosas que te gusta hacer cuando estás en casa y algunas que no te gustan hacer.

A mí me gusta escribir cartas...

C. Ahora pregunta a tu compañero si le gusta hacer las mismas cosas que a ti.

3 Medios de comunicación

A. Lee el siguiente texto sobre los medios de comunicación de los jóvenes. ¿Cuál de todos los medios que se describen te gusta más y por qué?

Me gusta la radio porque puedo escuchar música.

¿Tus medios de comunicación?

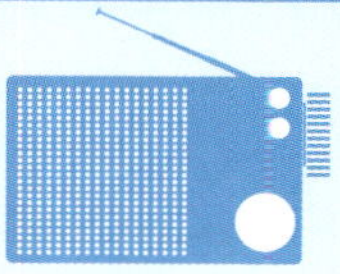

La radio se puede escuchar en cualquier lugar del mundo. Puedes escuchar programas de música, de cine, de arte, de historia... La radio te informa sobre la actualidad en el mundo. Te acerca a la vida de otras personas, de otras culturas...

La televisión ofrece muchas cosas: películas, informativos, concursos, programas de literatura, de arte... Con la tele puedes viajar sin dinero, puedes soñar... Puedes ver en tu casa retransmisiones deportivas en directo...

Internet llega a todos los rincones. Hoy en día no se puede vivir sin estar conectados a la red. Todos tus amigos están ahí. En Internet vas a encontrar mucha información sobre actividades para jóvenes, para pasar el tiempo libre...

El periódico es como un libro de noticias. ¿Te gusta leer? En sus páginas puedes encontrar informaciones de interés para ti: deportes, espectáculos, gastronomía... Tiene noticias sobre otros lugares del mundo...

B. Ahora pregúntale a tu compañero qué medio de información de los anteriores le gusta más y por qué.

- *A mí me gusta escuchar la radio porque...*
- *Pues a mí me gusta leer el periódico porque...*

Expresar gustos: **gustar**

(A mí) **me**	
(A ti) **te**	
(A él/ella /usted) **le**	gust**a** bailar flamenco.
(A nosotros/as) **nos**	gust**a** el flamenco.
(A vosotros/as) **os**	gust**an** los helados.
(A ellos/ellas /ustedes) **les**	

4 Mi programa preferido

A. Aquí tienes dos programaciones, una de televisión y una de radio de la revista Edita-Difusión. A continuación, hay una descripción de algunos programas. ¿A cuál se refiere cada una? Escríbelo debajo de cada texto. Puede haber más de una respuesta.

TV7

8.00 Los desayunos de Ana
9.00 Telediario primera edición
10.00 Vivir sano
11.00 Dibujos animados
12.30 La cocina de Ferrán
13.30 Telediario regional
14.30 Telediario segunda edición
15.30 Telenovela
17.00 Amigos, escuela de música
18.00 El comisario Rex
19.00 Deportes y mucho más
20.00 Quiero ganar dinero
21.00 Telediario tercera edición
22.00 Película: *Vicky, Cristina y Barcelona*
24.00 Encuentro con la literatura
01.00 Noche de cine: *Un perro andaluz*
03.00 Diálogos en la noche sobre libros
04.00 Teleserie: *¿Qué pasa entre nosotros?*
05.00 Despedida y cierre

Radio 33

6.00 Clásicos de toda la vida, la música que te hace recordar
7.30 Noticias
8.00 Noticias deportivas
8.30 Tráfico
8.35 Las horas de la mañana con Andrés Sánchez. Programa de actualidad
12.00 Preparando la comida con la madre de Santiago
13.30 Noticias
14.00 Encuentros con la radio. Invitado especial Javier Bardem
16.00 La siesta: temas que te hacen soñar
18.00 Música para los más pequeños
19.00 Cuéntame un cuento. Programa infantil
20.00 ¿Qué sabes de deportes? Hoy: balonmano
21.00 Noticias
21.30 Fútbol. Retransmisión de la Copa del Rey
23.00 Naturaleza viva

1.- Para aprender a cocinar sólo tienes que ver cómo lo hace este fantástico cocinero. Durante una hora puedes saborear las comidas de todo el mundo.

____

2.- Los informativos que hablan sobre las noticias que suceden en España y en el mundo. Para el público adulto. Tres veces al día.

____

3.- Tus cantantes preferidos, tus canciones inolvidables, toda la música que todavía no conoces pero quieres conocer. Todos los días en tu cadena favorita.

____

4.- Dedicado a los más pequeños de la casa. Todas las historias de los niños que viven en otros mundos. Todos los días por la tarde.

____

5.- Esta película es una historia de amor entre dos chicas y un chico. Al final, los tres se hacen muy amigos.

____

6.- Serie para todos los públicos. La policía tiene una misión: descubrir los robos que hay en la ciudad...

____

7.- Apasionados del deporte hablan de todo lo que no se habla en deportes. Con invitados especiales.

____

B. Vuelve a mirar las dos programaciones y habla con tu compañero sobre lo que queréis ver o escuchar hoy. ¿Queréis ver lo mismo?

- Yo quiero ver la película y ¿tú?
- Bueno, a mí me gusta el deporte y quiero ver...

C. Ahora coloca las palabras de las cajas verdes en este cuadro. Clasifícalas en positivas (+) o negativas (-).

adjetivos
divertido aburrido bueno emocionante pesado malo interesante largo creativo romántico entretenido

adverbios
bien mal

+	-

Valorar

ESTAR (muy) (bastante) | bien, regular, mal

- Hola ¿cómo estás?
- **Estoy muy bien**, gracias. Y, ¿tú?

SER (muy) (bastante) (un poco) | bueno/a, malo/a, divertido/a, aburrido/a, interesante

La clase de matemáticas **es un poco** aburrida.

D. Lee los siguientes correos electrónicos que aparecen en la revista EditaDifusión sobre algunos programas de televisión. Subraya el verbo con el que va cada adjetivo o adverbio del apartado anterior.

Me gusta muchísimo, es una película muy romántica e interesante.

No me gustan nada los programas informativos, son muy largos y aburridos.

Quiero volver a escuchar el programa de música porque es muy entretenido, no me aburro nunca.

No me gusta el deporte creo que es poco entretenido, me gustan más los programas de naturaleza, son muy emocionantes.

Las telenovelas son muy malas, no me gustan nada.

Creo que el programa de cocina está muy bien porque el cocinero prepara platos que son bastante creativos.

No me gustan la programación del canal 28. Está mal organizada.

E. Con los adjetivos anteriores, ¿por qué no convences a tu compañero para ver tu programa preferido? Dile cómo crees tú que es el programa que quieres ver.

Yo quiero ver la película "El perro andaluz", creo que está muy bien, es muy interesante...

5 Tiempo libre

A. ¿Qué quieren hacer las personas de estos dibujos? Escríbelo debajo.

Durante las vacaciones Sergio quiere ir al circo.

Expresar deseo o interés

Quiero escuchar música.
¿Quieres un bocadillo para cenar?
Queremos dos entradas para la próxima película.

B. ¿Sabes qué verbo acompaña a las siguientes palabras?

hacer • visitar • jugar
practicar • ver • ir

1. ________ al tenis.
2. ________ un museo.
3. ________ deporte.
4. ________ al teatro.
5. ________ un musical.
6. ________ montañismo.

C. Y tú, ¿qué quieres hacer? Escríbelo y después pregunta a tus compañeros. ¿Alguno quiere hacer lo mismo que tú?

- Yo quiero ir al cine y, ¿tú qué quieres hacer?
- Yo esta noche quiero ver la tele.

Recuerda

- No le gusta nada bailar.
- ¿Le gusta hacer deporte?
- Le gusta poco, la verdad.

6 ¿Haces deporte?

A. A Mario le gusta mucho hacer deporte. Ha puesto algunas fotos en internet en las que practica alguno. Al lado de cada foto hay un termómetro. Escribe al lado de cada uno cuánto le gusta el deporte que está practicando en la foto. Debes usar: **mucho**, **poco** o **bastante**.

B. Y a ti, ¿qué deporte te gusta practicar? Escríbelo al lado de cada termómetro. Después coméntalo con tu compañero.

Tú	Tu compañero
______	______
______	______
______	______

- A mí me gusta un poco el tenis pero no me gusta mucho el fútbol. ¿Y a ti?
- A mí el fútbol me gusta muchísimo. El tenis no me gusta...

Hacer (deporte):
- natación
- ciclismo
- remo
- submarinismo
- bicicleta de montaña
- montañismo
- gimnasia

Jugar al... (deporte):
- fútbol
- tenis
- baloncesto
- balonmano

7 Noche cultural

Mira estos anuncios de una cartelera cultural. ¿Cuál crees que le interesa más a cada persona? Sigue el ejemplo y escríbelo.

1.
María 22 años.
Vive sola en Valencia.
Le gusta el arte.

2.
Juan es camarero.
Trabaja el fin de semana.
A su novia le gusta la danza.

3.
Natalia enseña Historia del Arte. Trabaja en un instituto con jóvenes. Es muy dinámica.

4.
Pepa tiene tres hijos pequeños. Trabaja durante todo el verano. Su canguro es brasileña.

5.
Emma hoy cumple 28 años.
Le gusta mucho la música.
Paco quiere hacerle un regalo.

Creo que Paco puede regalar a Emma una entrada para el concierto de jazz.

1 ....

2 ....

3 ....

4 ....

8 Muy o mucho

A. Completa el siguiente texto con **muy**, **mucho** o **mucho/a/os/as**.

1. El cine me gusta ______________ pero no puedo ir porque trabajo por las noches.

2. La literatura me parece ______________ interesante y por eso leo ______________.

3. En mi ciudad hay ______________ teatros y siempre hay alguna obra interesante.

4. En los cines de verano siempre hay ______________ gente.

5. El parque del Retiro es ______________ grande y lo visitan ______________ turistas.

Recuerda

Me gustan **mucho** las películas de amor.
Bailar es **muy** divertido.
No hay **mucha** gente hoy en el parque.

B. Escribe en los siguientes recuadros las palabras del ejercicio anterior que acompañan a **muy** o a **mucho/a/os/as**. ¿Puedes añadir otras?

MUY	MUCHO/A/OS/AS

C. ¿Cómo crees que son las siguientes actividades? Usa los adjetivos del cajón naranja y los cuantificadores del cajón rojo.

muy poco
mucho bastante

aburrido pesado
divertido relajante
interesante

1. *Para mí los musicales...*
2. *A mí las exposiciones de fotografía...*
3. *Creo que el museo de arqueología...*
4. *El teatro...*
5. *Los conciertos de música Rock...*

Cuantificar

Yo duermo **poco**.
Mi hijo come **bastante**.
Salimos **mucho** por la noche.

D. Y ahora, ¿sabes cuándo se escribe **muy**, **mucho** y **mucho/a/os/as**?

muy + ______
muy + ______

mucho/a/os/as + ______
verbo + ______

9 Actividades al aire libre

A. Mira la siguiente página web de la asociación Aire Libre. Tienen una gran oferta de actividades. ¿Cuál de ellas quieres hacer este fin de semana?

Yo quiero hacer senderismo en los Picos de Europa porque...

http://www.airelibre.dif

Ruta por el Valle de Arán
El día 20 de mayo la asociación organiza una ruta por el maravilloso Valle de Arán. La actividad es para personas jóvenes que quieren encontrarse con la naturaleza.
Precio: 15 euros.
Edad: a partir de 18 años.
Duración: 5 horas a pie.
Es necesario: una mochila, la comida y la bebida.

Visita al parque de Doñana
La naturaleza te espera en el parque natural más grande de España. Un guía acompaña al grupo. Se pueden ver todo tipo de animales y plantas.
Precio: 10 euros.
Edad: sin límite.
Duración: toda la mañana.
Es necesario: pagar diez días antes de la actividad.

Pícnic organizado en el Peñón de Ifach
Situado en la provincia de Alicante el peñón de Ifach es una especie de montaña dentro del mar Mediterráneo. Las vistas son magníficas.
Precio: 15 euros.
Edad: sólo adultos.
Duración: 3 horas.
Es necesario: nada.

Senderismo en Picos de Europa
Caminar por el monte no tiene precio. Es una actividad muy dura por su duración pero es muy fascinante por el paisaje que ofrecen las montañas de Picos de Europa.
Precio: 20 euros (5 euros para los socios).
Edad: a partir de 18 años.
Duración: 7 horas a pie.
Es necesario: bebida y comida.

Visita a las ruinas arqueológicas de Numancia
Un encuentro con el pasado, con los pueblos antiguos, sus costumbres, sus comidas. En este pueblo de Soria, Aire Libre te ofrece una visita para hacer las mismas cosas que los antiguos romanos.
Precio: 25 euros.
Edad: de 20 a 45 años.
Duración: 10 horas.
Es necesario: reservar un mes antes.

Triatlón en los Pirineos
¿Te gusta el ciclismo, la natación y correr? Pues esta es tu oportunidad para venir a los Pirineos si quieres estar en medio de la naturaleza y haciendo tus deportes favoritos.
Precio: 115 euros.
Edad: a partir de 18 años.
Duración: sábado y domingo.
Es necesario: una mochila, zapatillas de deporte y bañador.

46 49 **B.** Ahora escucha a las siguientes personas ¿qué crees que quieren hacer este fin de semana? ¿Por qué?

Creo que Mónica quiere...

10 ¿Te vienes a cenar?

50 **A.** Escucha el siguiente diálogo entre Fernando y Mercedes, responde a las preguntas con verdadero (V) o falso (F) y corrige las respuestas falsas.

	V	F
1 Mercedes llama a Fernando para invitarlo a cenar Es falso. Mercedes llama a Fernando para invitarlo a comer.	◯	☒
2 Mercedes quiere comer con Fernando porque es su cumpleaños.	◯	◯
3 Fernando no acepta porque tiene que hacer muchas cosas.	◯	◯
4 Van a comer a casa de Mercedes.	◯	◯
5 A Mercedes le gusta Tapelia porque hacen unos bocadillos muy buenos.	◯	◯
6 En el menú hay pocos postres.	◯	◯
7 Hay una mesa reservada a nombre de Mercedes para las cuatro de la tarde.	◯	◯

B. Completa los siguientes diálogos. Usa las palabras de la pizarra.

1 ▸ ¿Qué comes por la mañana?
▸ Pues mi ________________
es muy sano, como un té y
como mucha fruta.

2 ▸ La ______________ tiene
que ser muy ligera por la noche.
▸ Pues la mía es muy completa...
tomo primero, segundo y postre.

3 ▸ ¿Qué comes al mediodía?
▸ ¿A la hora de la ______________?
Uf, no sé qué decirte, no tengo
nunca tiempo para comer.

4 ▸ ¿Los niños en España toman
la ______________?
▸ Claro, cuando llegan del colegio.
A las cinco y media más o menos.

C. Y, ¿en tu país coméis como en España? Escribe algunas frases como en el ejemplo.
En mi país no hay merienda porque cenamos muy pronto, a las cinco de la tarde.

Lugares para comer y cenar

bar
restaurante
cafetería
cervecería
café

● Hola María, ¿nos vemos en la cafetería para desayunar?
○ Vale, a las nueve.

Horario de las comidas en España

Desayuno: después de levantarse.
Comida: desde las 13 h hasta las 15.30 h.
Merienda: entre las 17 h y las 19 h.
Cena: a partir de las 21 h.

! En algunas zonas de España y de Hispanoamérica a la **comida** se le llama **almuerzo**.

11 Tu asociograma

Completa ahora tu propio esquema con lo que has aprendido en esta unidad. Fíjate en el que tienes en la portada de la unidad.

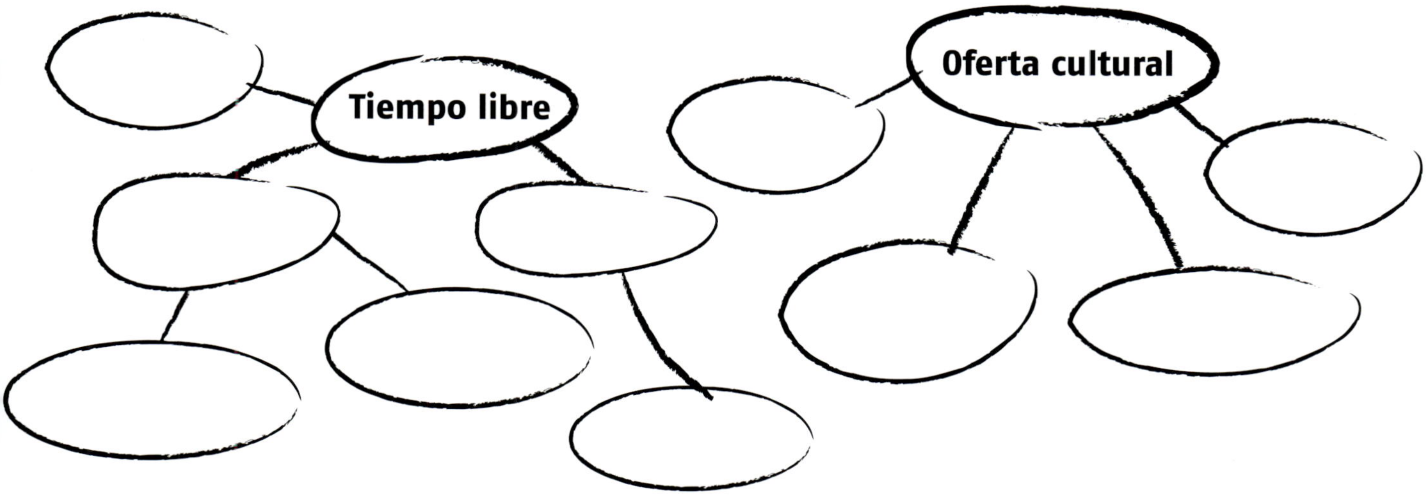

CUANTIFICADORES: UN POCO / BASTANTE

*Las películas históricas son **bastante** interesantes.*
*En esta habitación hay **bastante** ruido, ¿nos vamos a otra **un poco** más tranquila?*
*El teatro barroco es **un poco** aburrido.*

! **Un poco** se utiliza normalmente con adjetivos negativos.

Muy, mucho/a/os/as

mucho	+ sustantivo
mucha	
muchos	
muchas	

Hoy hace mucho sol.
Mucha gente cree en la libertad.
Hay muchas personas en esta conferencia.
Veo muchos coches por la calle.

muy +	adjetivo
	adverbio

*Andrés es **muy** guapo.*
*Esa chica canta **muy** mal.*

Verbo + mucho / poco / bastante

*Me gusta **mucho** la playa.*
*Yo duermo **poco** por la noche.*
*Mi hermano come **bastante** por eso está tan gordo.*
*Mis amigos y yo salimos **mucho** por la noche.*

PRONOMBRES DE OBJETO INDIRECTO

(a mí)	me	gusta / gustan
(a ti)	te	
(a él/ a ella / a usted)	le	
(a nosotros/as)	nos	
(a vosotros/as)	os	
(a ellos/ a ellas / a ustedes)	les	

***(A mí) me** gusta ir a la discoteca.*
*¿**A ti te** gusta el cine?*
***(A él)** no **le** gustan las películas de miedo.*

! ~~*A mí*~~ *gustan los helados.*
*(A mí) **Me** gustan los helados.*

EXPRESAR OPINIÓN: CREER QUE

CREER
creo
crees
cree
creemos
creéis
creen

***Creo que** esa película es muy divertida.*
*Emma y Luis **creen que** no deben poner fútbol en la tele.*

EXPRESAR DESEOS: QUERER + INFINITIVO / SUSTANTIVO

QUERER
quiero
quieres
quiere
queremos
queréis
quieren

*No **quiero salir** esta noche de fiesta, ¿te vienes conmigo?*
*Para mi cumpleaños **quiero** la última película de Almodóvar.*

VALORAR

ESTAR	bien
(muy)	regular
(bastante)	mal

- *¿Te gustan las películas de Almodóvar?*
- *Sí, **están bastante bien.***

- *Hola ¿cómo estás?*
- ***Estoy muy bien**, gracias. Y, ¿tú?*

SER	bueno/a – malo/a
(muy)	divertido/a – aburrido/a
(bastante)	interesante
(un poco)	largo/a – corto/a
	bonito/a – feo/a
	rápido/a – lento/a
	caro/a – barato/a
	difícil – fácil

- *¿Quieres ver una película de Bigas Luna?*
- *No, no me gustan, **son un poco** lentas.*
- *Pues yo creo que no. Para mí **son muy** interesantes.*

! **Así así** se usa para expresar que algo te parece regular, y normalmente se mueve la mano de forma rotatoria.

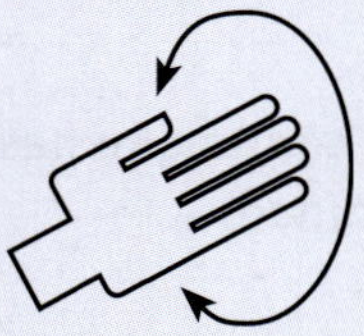

- *¿Te gustan las series norteamericanas?*
- *Bueno, **así así**.*

Valorar con SER + adjetivo / adverbio

*Nadar **es** muy **bueno** para la salud.*
*Este programa **es** muy **interesante**.*
*Estos libros **son** bastante **interesantes**.*

Valorar con ESTAR bien/mal

*Este programa de música **está muy bien**.*
*Los conciertos del auditorio no **están mal**.*
- *¿Cómo estás?*
- ***Estoy** muy **bien**, gracias.*

! Los adverbios **bien** y **mal** siempre van acompañados del verbo **estar** para valorar cosas.

COMPRENSIÓN DE LECTURA **LAS CLAVES DE LA TAREA 4**

En qué consiste	Formato	Tipo de texto
En esta tarea vas a encontrar textos breves con carácter informativo o textos que dan instrucciones. Puede aparecer léxico de tu vida cotidiana: horarios, cantidades...	Tienes que completar 8 frases con la información que obtengas de los textos. La respuesta es semiabierta. No hay imágenes de apoyo.	Se trata de anuncios breves que puedes encontrar en revistas, periódicos o todo tipo de material informativo. Entre ellos se incluyen textos donde hay información sobre billetes, promociones o la información que dan las señales, los carteles, etc.

Instrucciones

Lee los siguientes cursos de la página web de la asociación cultural Corretear y completa las frases con la información del texto. Escribe las palabras en la **Hoja de respuesta**.

Ⓐ Curso de teatro

El director madrileño Jesús Rodríguez abre el curso de teatro el próximo 1 de septiembre hasta el 31 del mismo mes. El grupo tiene un número limitado de 15 personas. El curso se centra en el teatro clásico español.

Horarios: de lunes a viernes de 21 h. a 23 h.

Duración: 80 horas.

Examen: no hay examen. Certificado de asistencia.

Precio: 200 euros.

Ⓑ Curso de cocina

La cocina española es importante y famosa por la calidad de sus platos, por la dieta mediterránea y por el uso de verduras, carnes, pescados y fruta. La cocinera Valeria Pérez, conocida internacionalmente por sus paellas, hace un curso para personas interesadas en la cocina tradicional española.

Horarios: todos los miércoles y sábados del mes de agosto de 9 h a 12 h.

Duración: 12 horas.

Examen: no hay examen. Certificado de asistencia

Precio: 150 euros (socios 100 euros).

Ⓒ Curso de pintura

Dalí, Picasso, Velázquez... los pintores españoles más famosos y sus cuadros son el ejemplo para empezar a pintar. María Ibáñez, profesora universitaria de Bellas Artes, enseña a usar las técnicas básicas para empezar a crear cuadros maravillosos.

Horarios: martes y miércoles de 11 h a 13 h.

Duración: del 1 de septiembre al 30 de junio.

Examen: examen final y presentación de una pintura.

Precio: inscripción 100 euros y curso 400 euros (los socios no pagan la matrícula de inscripción).

Ⓓ Curso de cine infantil

¿Tus hijos ven películas que a ti no te gustan? El curso de cine infantil está pensado para padres aficionados al cine que quieren enseñar a sus hijos a valorar el buen cine. Durante las clases se proyecta un film y después se analiza junto al pedagogo Alberto Casas. El curso lo ofrece la Comunidad de Madrid.

Horarios: los domingos de 20 h a 23 h.

Duración: los meses de noviembre y diciembre.

Examen: no hay examen. Certificado de asistencia.

Precio: gratuito.

Ⓔ Curso de teatro

La asociación cultural española *Corretear* y la asociación cultural griega *Agora* hacen un programa de intercambio de profesores. A partir del mes de octubre un profesor griego entra en nuestras aulas para impartir las clases de lengua y cultura griega a todas las personas interesadas de la ciudad de Madrid.

Horarios: martes y jueves de 17 h a 19 h.

Duración: 160 horas.

Examen: test escrito y oral al final del curso, es necesario superar el test para recibir el Certificado de nivel de lengua.

Precio: 380 euros.

Ejemplo

0. El curso de teatro empieza en septiembre.

La respuesta correcta es **septiembre.** Márcala en la **Hoja de respuestas**.

➤ El curso de teatro empieza en septiembre.

➤ El curso de cocina española se da los ....(1)........... y ....(2)........... del mes de agosto.

➤ El número máximo de personas para el curso de teatro es de ....(3)............

➤ Para obtener el certificado de lengua griega hay que pasar un test ....(4)........... y ....(5)............

➤ Hay un curso que no cuesta nada. Es ....(6)........... porque lo paga la Comunidad de Madrid.

➤ Los martes y los miércoles hay un curso de ....(7)............

➤ La cocinera Valeria Pérez tiene fama internacional por un típico plato español: la ....(8)............

Explicación de las respuestas

0-*septiembre*. En esta frase la palabra clave es "abrir" ya que da la idea de inicio. Además, no se puede contestar "el 1 de septiembre" porque antes de la respuesta aparece una preposición "en" que no permite el uso del número del día, sino del mes.

1- *miércoles-sábados*. Cuando se utiliza el verbo "dar" con cursos o clases, se está indicando o el lugar o el horario. En este caso el lugar no se especifica por lo que se entiende que se refiere al horario.

3-*quince/15*. En la frase se pide un número relacionado con la palabra "personas". Como en el examen te piden que escribas la información pero no te dicen cómo, te aconsejamos que la escribas como en el texto de entrada, si hay número en dígitos, escríbelo así y si hay un número escrito con letra, escríbelo con letra.

4 y 5-*escrito-oral*. La palabra clave en esta oración es "test" que no es exactamente un examen, pero puede equivaler. Además, este test o examen es necesario para conseguir el Certificado de lengua, por lo tanto está relacionado con el apartado "Examen".

6-*gratuito*. "Pagar" o "costar" son los verbos relacionados con el apartado "Precio". En esta frase aparece el verbo costar, si no entiendes lo que significa, tienes que buscar otras palabras como por ejemplo "nada". También te puede ayudar que solo en un anuncio hablan de la Comunidad de Madrid.

7-*pintura*. Solo hay un curso que se da los martes y los miércoles y es el de pintura. Aquí puedes dudar porque aparece el día "miércoles" en otros cursos, pero tienes que pensar que las respuestas tienen que coincidir totalmente con la información que te dan.

8-*paellas*. "Tiene fama internacional" y "conocida internacionalmente" son sinónimos. A lo mejor no entiendes la palabra fama, pero el adjetivo y el adverbio te pueden ayudar. Además, se habla de un plato español, y en todo el texto el único plato que aparece es la "paella".

Presta atención a las frases, porque normalmente se utilizan sinónimos de la respuesta que es correcta. Intenta buscar todos los sinónimos que sepas. Por ejemplo, "examen" y "test" son prácticamente la misma palabra.

En muchas ocasiones hay que tener un poco de conocimientos sobre la cultura del país. Si se habla de cocina española, es normal que se hable de paella, gazpacho o cualquier plato típico.

Si en todos los anuncios aparece el mismo esquema, es posible que te hagan una pregunta de cada apartado. Del apartado horario te pueden preguntar sobre los días o las fechas. Del apartado precio sobre dinero. Intenta relacionar cada apartado con datos que son familiares para ti.

Si no entiendes la información, piensa que normalmente cada frase está relacionada al menos con un anuncio. Intenta entender el tema del que habla para buscar la información solo en esa parte del texto.

Más actividades para practicar la comprensión de lectura

1. **Lee estos anuncios de la página web www.detodo.dif y relaciónalos con las frases de la derecha.**

detodo.dif

A-Hacer deporte en el centro de tu ciudad

¿Quieres tener una vida sana? El gimnasio Deportesano durante la primera semana de septiembre tiene clases gratuitas de todos los deportes para ti. Te esperamos en calle de La Paz, Valencia, desde las 8 de la mañana hasta las 22 h.

B-Diccionario bilingüe árabe-español

¿Estudias lenguas? ¿Te gusta descubrir nuevas palabras fácilmente? El diccionario de árabe solo cuesta 50 euros, el de otras lenguas 20 euros. Lo puedes comprar por internet y recibirlo en tu casa al día siguiente. Correo electrónico: diccionario.bilingüe@vender.dif

C- Clases de música

Soy profesor de música y doy clases a principiantes. Vivo en la zona centro de Madrid. Si quieres aprender este arte, solo tienes que escribirme un mensaje a la siguiente dirección: jorge.music@mail.dif

D-Hacer amigos

Si quieres hacer amigos o amigas en la ciudad de Barcelona... Si quieres hacer actividades al aire libre... Si quieres salir por la noche... el foro de amistad chicos.chicas.dif te abre las puertas de esta ciudad. http://www.pecesrebeldes.dif

E-Entradas de U2

Vendo 4 entradas para el concierto de U2 en Barcelona el día 30 de junio porque no puedo ir. El concierto es en el campo de fútbol. Es el primer concierto de la gira. El precio es de 75 euros cada una, es un poco caro pero es lo que cuestan.

1 Mi grupo de música favorito actúa en Barcelona al final de este mes, pero ya no hay entradas. ¡Qué mal!

2 Vivo en Barcelona desde hace un mes pero no conozco a nadie. No sé qué hacer.

3 Creo que Jorge quiere enseñar música y tiene una página web para conseguir trabajo.

4 Este año empiezo la universidad en Valencia y quiero estudiar pero también hacer ejercicio para mantenerme en forma.

5 Estudio idiomas pero no tengo buen material para saber todas las palabras.

COMPRENSIÓN AUDITIVA LAS CLAVES DE LA TAREA 4

En qué consiste	Formato	Tipo de texto
En esta tarea tienes que captar la idea general de discursos emitidos a velocidad lenta y con articulación clara.	Tienes que responder a 7 ítems de respuesta semiabierta completando espacios en enunciados breves con la información del texto que vas a escuchar.	Conversación o monólogo muy breve entre dos interlocutores, que trata sobre temas conocidos o cotidianos. La grabación del texto dura alrededor de un minuto. Son unas 150 palabras.

51

Instrucciones

A continuación vas a escuchar a Bárbara. Quiere hacer algo esta noche y llama al teléfono de *La guía del ocio* de su ciudad para obtener información. Completa el texto con la información que falta. Escucharás la audición **tres veces**. Después de la tercera audición marca la opción correcta. Escribe cada palabra en la **Hoja de respuesta**.

Ejemplo

0. *Bárbara llama al teléfono del ocio porque quiere* información *sobre las actividades culturales.*

La respuesta correcta es *información.*

1. La mujer del teléfono del ocio le pregunta a Bárbara qué quiere ver o ....
2. Bárbara sabe que hay un .... de la ópera en la ciudad.
3. Bárbara quiere ir esta noche a la ópera pero no hay ....
4. A ella la .... clásica no le gusta.
5. En el campo de fútbol a las .... de la noche actúa "El Canto del loco".
6. Es el grupo .... de Bárbara.
7. La entrada cuesta de .... a cuarenta euros.

Transcripción del audio

- *Teléfono del ocio, dígame.*
- ❍ *Hola, buenos días. Llamo porque quiero información sobre las actividades culturales de esta noche.*
- *¿Me puede decir qué quiere ver o escuchar? ¿Música, teatro, cine...?*
- ❍ *Pues, sé que hay un teatro de la ópera, ¿verdad? ¿Me puede decir si hay algún espectáculo?*
- *Sí, claro, un momento... A ver, esta noche actúa el ballet nacional de Cuba, pero no hay entradas.*
- ❍ *Bueno, entonces, ¿hay algún concierto interesante?*
- *Pues, creo que sí, un segundo. Mire, hay un concierto de música clásica en el Palacio de la Música.*
- ❍ *Es que a mí la música clásica no me gusta. ¿No hay otro concierto?*
- *Sí, en el campo de fútbol a las 22 h de la noche actúa "El Canto del loco" ¿lo conoce?*
- ❍ *Sí, sí... es mi grupo preferido.*
- *¿Cuánto cuesta la entrada?*
- ❍ *De 25 a 40 euros, depende del lugar en el campo de fútbol.*
- *Pero ¿hay entradas?*
- ❍ *Sí, sí, todavía quedan muchas.*
- *Gracias, adiós.*
- ❍ *Adiós, buenos días.*

Explicación de las respuestas

1-escuchar. Normalmente si aparece una conjunción disyuntiva como **o** tenemos que imaginar que la siguiente palabra es como la anterior, por eso aquí hay otro verbo. Las actividades culturales suelen verse o escucharse.

2-teatro. Los lugares donde se suele escuchar ópera son los teatros.

3-entradas. La palabra entrada es de la misma familia que el verbo "entrar" y por asimilación se puede entender. Hay palabras internacionales como "ticket" que se pueden utilizar también en español pero para conciertos, cines o teatro, etc., se usa normalmente "entrada".

4-clásica. En el texto las dos personas que hablan tratan siempre el tema de las actividades culturales. La música es parte de la cultura y el adjetivo "clásica" en femenino singular, se puede relacionar perfectamente con música. Este adjetivo también puede acompañar a otro tipo de actividades culturales como las referidas al arte o al cine, pero al tratarse de palabras masculinas, el adjetivo debe ir también en masculino: "arte clásico", "cine clásico", etc.

5-22h/diez. Normalmente los conciertos en los campos de fútbol suelen empezar entre las nueve y las diez de la noche.

6-preferido. Esta palabra es sinónimo de favorito, pero por la entonación de la persona que está hablando se puede entender que es algo positivo.

7-25/veinticinco. Las entradas para los conciertos pueden tener diferentes precios. Aquí se van a decir dos números seguidos: el 25 y el 40. Estos dos números cuando se pronuncian son muy diferentes y hay que prestar atención al primero que dicen porque el segundo ya está escrito.

- Antes de escuchar la grabación lee las frases.
- Señala las palabras que no comprendes e intenta extraer su significado por el contexto.
- Tienes muy poco tiempo desde que te dan el modelo de examen hasta que ponen la grabación, por lo tanto concéntrate en la tarea, lee las instrucciones y el ejemplo que te dan, para que tengas claro lo que tienes que hacer.
- Durante la primera audición intenta localizar las palabras claves, las que van delante o detrás de los huecos que vas a tener que rellenar.
- La segunda audición te sirve para escribir en el mismo cuaderno del examen las respuestas.
- En la última audición además de repasar que las respuestas marcadas, tienes que escribirlas en la hoja de respuestas, no lo olvides, porque en 30 segundos esa hoja la tienes que entregar.

Más actividades para practicar la comprensión auditiva

52 **1. Andrea está en España para practicar el español y para conocer nuevos amigos. Llama a la agencia Amigos para siempre para conocer a chicos españoles. Escucha la llamada que hace Andrea a la agencia y completa las frases.**

1. Puede dejar un mensaje con su nombre, su edad, su nacionalidad, sus ____________________, etc.
2. En Italia Andrea es ____________________ de chico.
3. Tiene ____________________ años.
4. Andrea va a estar dos meses en ____________________ para practicar el español.
5. Le gusta mucho el ____________________ y le encanta ir con amigos.
6. Andrea, quiere conocer a ____________________ interesantes.
7. Andrea cree que las españolas son muy ____________________.

53 **2. En un programa de radio regalan dos entradas para ir a ver el Gran Circo Mundial. Cecilia llama para conseguir las entradas. Escucha la llamada y completa el texto.**

1. Cecilia llama desde ....
2. Para ganar las entradas al Gran Circo Mundial, Cecilia tiene que .... su nombre y tiene que dar una buena razón para .... las entradas.
3. Es mallorquina y tiene tres ....
4. Claudia es su hija .... y tiene 3 añitos.
5. La vida en Mallorca es muy ....
6. Cecilia necesita un poco de ayuda ....
7. La tercera entrada la ....
8. Radio .... le va a regalar dos entradas.

EXPRESIÓN E INTERACCIÓN ESCRITAS **LAS CLAVES DE LA TAREA 2**

En qué consiste	Formato	Tipo de texto
Tienes que intercambiar por escrito mensajes de cortesía, información personal sencilla y básica, en situaciones relacionadas con necesidades personales inmediatas. Tienes unos 12 minutos para realizar esta tarea.	Redactar un texto dirigido a otra persona (una postal, un correo electrónico, un mensaje o una carta breve, un anuncio o una nota informativa). En este caso las palabras las escribes tú y son entre 20 y 30, es decir, entre tres o cuatro líneas dependiendo del tamaño de tu letra.	Formato propio del género al que pertenece el texto, con apoyo gráfico (contexto) y verbal: indicaciones sobre el contenido.

Instrucciones

Tienes una entrada para un musical y la quieres vender porque no puedes ir.

Escribe un anuncio en Internet en el que tienes que decir:

- cuál es el concierto;
- por qué vendes la entrada;
- cuánto cuesta.

Número de palabras entre 20 y 30.

Te piden con la forma de **usted** que redactes un escrito, pero para escribir puedes usar la forma **tú**.

Intercambio.difu

Hola, tengo una entrada para el concierto del musical "Hoy no me puedo levantar" para el próximo sábado a las 21h en el teatro Principal. Yo no puedo ir porque tengo que trabajar. La entrada vale 30 euros pero la vendo por 20.

contactar

ver más

Explicación de la solución

Lo primero que tienes que hacer es saludar y presentar el contenido que te han pedido en las instrucciones. En esta solución hemos escrito el nombre de un musical español muy famoso, pero recuerda que te lo puedes inventar, no es necesario que sea verdadero. Después se ha escrito la fecha del espectáculo porque en cualquier anuncio esto es necesario.

La razón por la que no puedes ir al musical es necesaria porque en un anuncio en Internet no se sabe nunca si es verdad lo que se vende o si te van a engañar. Tener que trabajar es un buen motivo y muy creíble.

Por último, se pone el precio real de lo que se vende, en este caso la entrada y después el precio que vas a poner tú, que normalmente es inferior.

Toda esta información puede ser inventada, si te resulta más fácil.

Lee atentamente las instrucciones para escribir lo que te piden con exactitud.

Presta atención a las pistas que te dan, tienes que escribir las dos o tres cosas que te piden.

Organiza tu discurso pero controla el tiempo, puedes emplear 3 minutos para la organización, 6 minutos para la escritura y 3 minutos para el repaso-lectura final.

Contar palabras te puede hacer perder tiempo, es mejor que cuentes las líneas, más o menos son tres o cuatro, depende de tu letra.

No utilices el lápiz y si lo haces, recuerda que después necesitas unos minutos para pasarlo todo a bolígrafo.

Más actividades para practicar la expresión e interacción escritas

1. En el periódico *Diario Ya* hoy publican anuncios de ciudades para visitar. Escribe tú un anuncio de una ciudad que conoces. El texto debe tener entre 30 y 40 palabras.

En el anuncio debe aparecer:

- el nombre de la ciudad;
- características del lugar;
- en qué momento del año es mejor visitarla.

2. Este es el formulario que debes completar si quieres viajar a México para entrar en el país. Complétalo con tus datos.

MINISTERIO DE INMIGRACIÓN

Nombre: | Apellido(s):

Número de pasaporte: | Fecha de nacimiento: día ______ / mes ______ / año ______

Ciudad de origen: | País:

Ciudad de llegada: | Tiempo de permanencia en México:

Alojamiento en: Hotel: Sí ☐ /No ☐ Casa Privada: Sí ☐ /No ☐ | Ciudad:

Motivos por los que viene a este país:

¿Tiene alguna enfermedad? Sí ☐ no ☐ | ¿Cuál?

EXPRESIÓN E INTERACCIÓN ORALES LAS CLAVES DE LA TAREA 3

En qué consiste	Formato
Se trata de participar en intercambios de información breves en una conversación con un examinador que coopera, es decir, que crea situaciones de diálogo. Este diálogo se centra en los temas que eliges tú en la tarea 2.	Se trata de una conversación con el Entrevistador sobre la información previamente proporcionada en la tarea 2. La entrevista dura 3 minutos aproximadamente.

Instrucciones

El entrevistador te va a explicar antes de empezar qué es lo que tienes que hacer. La conversación va a ser con la forma **tú** o **usted**, según lo que al principio de la prueba se decida.

Vas a mantener una conversación con el entrevistador sobre tu presentación (tarea 1) y sobre la exposición del tema (tarea 2). Él te va a hacer algunas preguntas.

Ahora imagina que tu tarea 2 es sobre las Actividades Culturales y tú has elegido 3 puntos para hablar de la siguiente lista de temas.

ACTIVIDADES CULTURALES

- Cine, teatro, espectáculos
- Actos literarios, políticos
- Televisión y radio
- Museos y exposiciones
- Fiestas y celebraciones

Posible conversación

Tema: el cine

Entrevistador: *En la tarea 2 has hablado de los siguientes puntos: cine, teatro, espectáculos, televisión y radio y de fiestas y celebraciones. Ahora te voy a hacer preguntas sobre esos puntos.*
Me has dicho que no te gusta el teatro pero sí te gusta el cine. ¿Cuál es tu película preferida?
Tú: *Me gusta mucho "Todo sobre mi madre" de Almodóvar.*
Entrevistador: *Entonces ¿te gusta Almodóvar?*
Tú: *Sí, me gusta mucho.*
Entrevistador: *¿Vas mucho al cine?*
Tú: *Sí, me gusta ir al cine y voy mucho. / No, no voy mucho.*
Entrevistador: *¿Con quién vas al cine?*
Tú: *Con mis amigos / hermanos.*

Tema: la televisión y la radio

Entrevistador: *También me has hablado de la televisión. Ves mucho la televisión y escuchas poco la radio, ¿verdad?*
Tú: *Sí veo más la tele. / No, también escucho mucho la radio.*
Entrevistador: *¿Cuántas horas ves la tele al día?*
Tú: *dos o tres horas.*
Entrevistador: *¿Cuándo la ves?*
Tú: *Por la noche / al mediodía.*
Entrevistador: *¿La ves solo o acompañado?*
Tú: *Normalmente solo, pero a veces también con mi familia.*
Entrevistador: *¿Cuál es tu programa preferido?*
Tú: *Me gustan las películas, pero también me gustan los concursos.*

Tema: las fiestas

Entrevistador: *Vale y por último vamos a hablar de las fiestas. ¿Te gustan mucho?*
Tú: *Sí, porque son muy divertidas y estoy con mis amigos.*
Entrevistador: *¿Qué haces en las fiestas a las que vas?*
Tú: *Bebemos, bailamos y hablamos.*
Entrevistador: *¿Dónde se celebran estas fiestas?*
Tú: *Pues.... En casa de amigos, en bares o discotecas.*
Entrevistador: *De acuerdo. Ahora vamos a pasar a la siguiente tarea.*

Explicación de las respuestas

El entrevistador durante la conversación va a volver a tocar los temas de los que tú ya has hablado en las tareas 1 y 2, por eso hace una pequeña introducción diciendo lo que vais a hacer y sobre lo que vais a hablar.

Si has elegido el cine, puedes hablar de tu película favorita. En esta tarea se habla sobre tus gustos, concretamente sobre las películas que te gustan. Además, te pueden preguntar sobre la frecuencia con la que vas al cine, con quién vas, etc.

En la conversación sobre la televisión pasa más o menos lo mismo pero la conversación se amplia a programas televisivos o a los horarios en los que ves la tele, siempre en relación con tu experiencia personal.

En la tercera conversación sobre las fiestas, se habla en general de esas fiestas. Si el entrevistador pregunta algo más concreto como el lugar donde se hacen, la respuesta debe ser lo más simple posible: casas, bares, discotecas, etc.

En los 15 minutos que tienes de preparación intenta hacerte tus propios asociogramas o esquemas sobre los puntos que eliges, porque después seguramente el entrevistador te va a preguntar cosas y te va a hacer falta léxico más concreto.

No te pongas nervioso e intenta responder con la información más cercana a ti, en esta prueba inventar suele ser más difícil.

Si no sabes una palabra, no te preocupes y sigue adelante. Una palabra no tiene que hacer que tu examen se pare.

Si no entiendes alguna pregunta del entrevistador, puedes usar los siguientes recursos: "¿Me lo puede/s repetir? / Perdón no entiendo".

Más actividades para practicar la expresión e interacción orales

1. a. Haz una breve exposición para tus compañeros de clase sobre los siguientes temas relacionados con el tiempo libre.

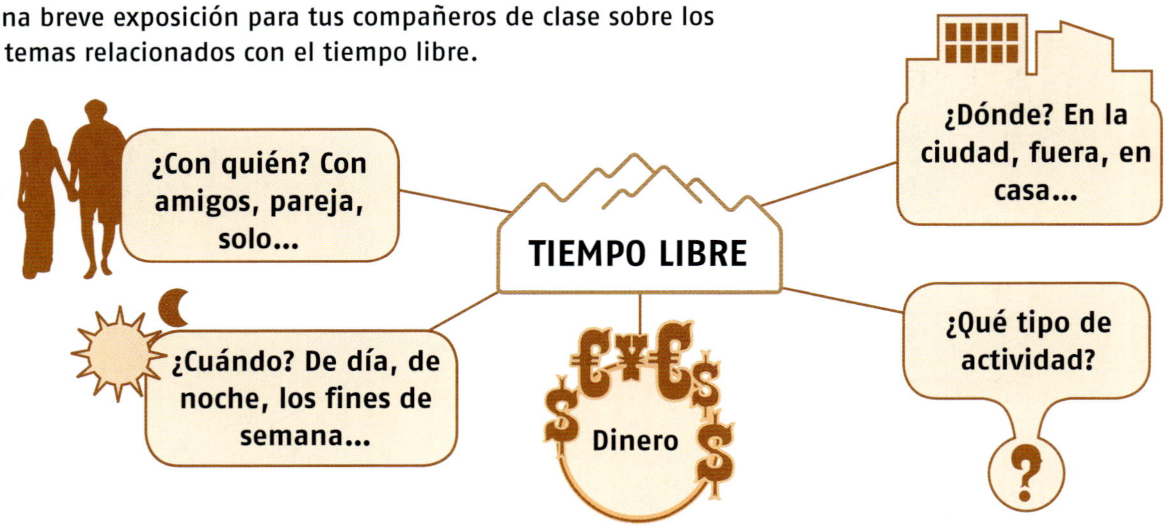

1. b. Ahora, tu compañero te va a preguntar sobre tu presentación.

2. Observa este esquema y escoge tres temas sobre tus gustos artísticos para hacer una exposición para tu compañero.

5

Las vacaciones, los viajes y la geografía

En esta unidad vamos a hablar sobre las vacaciones, sobre los viajes y sobre geografía.

Para ello vamos a aprender:

Recursos para la comunicación

› Hablar sobre gustos y preferencias en los viajes › Opinar sobre vacaciones, viajes y tipos de alojamiento › Hablar y escribir sobre lugares y climas › Dar información sobre cómo llegar a un lugar › Extraer información de interés de folletos turísticos › Expresar deseo en relación con los viajes › Situar geográficamente un lugar

Léxico

› Lugares de vacaciones › Estaciones del año › Medios de transporte › Tipos de alojamiento › Actividades de las vacaciones › Documentos y objetos personales para viajar › Vocabulario para describir el clima y ubicar un lugar › Puntos cardinales › Lugares y monumentos de interés › Países y ciudades

Gramática

› Verbos para hablar de gustos y preferencias: **gustar**, **interesar**, **preferir** › Algunos usos de las preposiciones **a**, **con**, **de**, **en** › **Querer** + Infinitivo › Verbo **estar** para ubicar geográficamente un lugar

Cultura

› Lugares y ciudades del mundo hispano

Las vacaciones

- Lugares: ¿Dónde te gusta ir de vacaciones?
- Medios de transporte: ¿Cómo te gusta ir de vaciones?
- Compañeros de viaje: ¿Con quién viajas? ¿Con quién te gusta viajar?
- Estaciones del año: ¿Cuándo te gusta ir de vacaciones?

Los viajes

- Expresar deseo: Quiero ir a México.
- Ubicar un lugar: ¿Dónde está tu ciudad? Está en el sur.
- Destinos: Desde el hotel puedes ir en metro al centro.

Me gusta / Prefiero...

ir a la montaña / playa
al mar / campo
a una ciudad
a un pueblo

ir en primavera
verano
otoño
invierno

ir solo/a
con mi pareja / familia
con mis amigos

ir en avión
en barco
en autobús
en coche
en tren

ir andando

ir andando = ir a pie

1 Tus vacaciones

A. Lee el siguiente cuestionario y elige o completa las opciones que más se parecen a las vacaciones que te gustan.

¿Dónde?	¿Cuándo?	¿Cómo?	¿Con quién?
☐ a la montaña	☐ en primavera	☐ en avión	☐ solo/a
☐ a la playa	☐ en verano	☐ en tren	☐ con mi pareja
☐ al mar	☐ en otoño	☐ en barco	☐ con mi familia
☐ a una ciudad	☐ en invierno	☐ en coche	☐ con mis amigos
☐	☐	☐	☐ ....

B. Habla con un compañero/a sobre vuestras preferencias. ¿Coincidís en algo?

● A mí me gusta ir de vacaciones en invierno a la montaña. Y a ti, ¿cuándo y dónde te gusta ir de vacaciones?
○ Pues a mí me gusta ir a la playa en verano.

● Yo cuando voy de vacaciones prefiero ir en coche. ¿Y tú?
○ Yo prefiero ir en tren, es más divertido.

2 ¿Hotel o camping?

A. Cuando vas de vacaciones, ¿qué tipo de servicios buscas en tu alojamiento? Señálalos en la lista.

- ☐ teléfono
- ☐ televisión
- ☐ cafetería
- ☐ parking/aparcamiento
- ☐ restaurante
- ☐ internet
- ☐ aire acondicionado
- ☐ piscina
- ☐ playa
- ☐ gimnasio
- ☐ ducha
- ☐ chimenea
- ☐ calefacción
- ☐ tenis
- ☐ fútbol
- ☐ tarjeta de crédito
- ☐ supermercado

B. Ahora escribe frases como en el ejemplo con los servicios que has marcado y compáralas con tu compañero.

Yo no necesito teléfono o televisión, tengo mi ordenador para escuchar música o comunicarme con mis amigos o familia, pero necesito un lugar con conexión a Internet...

C. ¿Qué crees que significan los siguientes iconos? Escríbelo.

> **Recuerda:**
>
> Creo que el camping El Pinar es el lugar perfecto para tus vacaciones.

D. En la web todocataluña.dif ofrecen diferentes tipos de alojamiento. Con las frases de tu compañero del apartado B, decide qué alojamiento le puede interesar. Después, tu compañero buscará uno para ti.

Yo creo que te puede interesar el... porque...

54 57 **E.** Escucha a estas cuatro personas que hablan sobre sus preferencias. ¿Qué alojamiento de los anteriores corresponde con lo que dice cada uno?

Creo que	Habla sobre	porque	para
LUISA			
XAVIER			
GONZALO			
PEPA			

3 En mi mochila

A. Aquí tienes una serie de documentos y objetos personales que lleva Lola cuando tiene que viajar por trabajo. ¿Sabes qué es y cómo se dice cada cosa? Relaciona las imágenes con las palabras de la lista.

- ☐ mapa
- ☐ pasaporte
- ☐ reloj
- ☐ móvil
- ☐ gafas
- ☐ cartera
- ☐ carné de identidad
- ☐ maleta
- ☐ bolso
- ☐ carné de conducir
- ☐ tarjeta de crédito
- ☐ toalla
- ☐ llaves
- ☐ ordenador

1

2
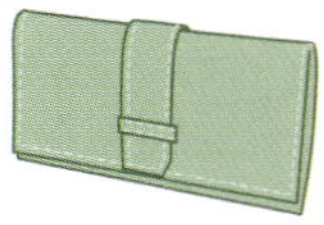
3

4

5

6

7

8

9

10

11

12

13

14

Recuerda:

- ¿Llevas el móvil?
  - Sí, **lo** llevo.
- ¿Llevas **la** tarjeta de crédito?
  - Sí, **la** llevo.
- ¿Llevas **los** pasaportes?
  - Sí, **los** llevo.
- ¿Llevas **las** llaves?
  - Sí, **las** llevo.

B. Las siguientes personas hablan de algunos de los documentos y objetos anteriores, ¿a cuáles se refieren?

1) Yo viajo mucho a diferentes países de Europa y América por mi trabajo. En el aeropuerto siempre me lo piden. — *El pasaporte.*

2) A mí me gusta alquilar un coche cuando viajo, por eso nunca lo olvido cuando voy de vacaciones. — ____________

3) Cuando conduzco por carreteras que no conozco siempre lo llevo para saber por dónde tengo que ir. — ____________

4) No me gusta pagar con dinero, por eso la llevo cuando voy de compras o a un hotel. — ____________

5) Siempre las olvido o las pierdo y después no puedo entrar en casa. — ____________

6) Las necesito para leer, bueno las necesito para ver en general. — ____________

7) A mí me gusta viajar con muchas cosas, por eso la necesito. Tengo una muy grande donde pongo toda la ropa, los zapatos... — ____________

C. Y tú, ¿qué documentos u objetos llevas habitualmente en tu bolso o en tu mochila?

Pues yo llevo ...

4 Visita mi ciudad

A. Lee las siguientes intervenciones de un foro en español donde algunos jóvenes cuentan de dónde son, dónde está el lugar del que hablan y qué tiempo hace allí para personas que están interesadas en visitarlo. Relaciónalas con sus fotografías.

Hola. Soy Bea, de Asturias, una región que está en el norte de España, de un lugar que se llama Llanes. Es una ciudad que está al lado del mar y tiene unas playas estupendas. El paisaje es muy bonito y muy verde, porque, eso sí, llueve mucho todo el año. En verano también hace sol, a veces, y puedes ir a la playa y nadar en las frías aguas del Cantábrico. Además, hay mucha gente y los bares que están cerca del puerto siempre están llenos. ¿Quieres venir? Si llegas en avión, el aeropuerto está entre Avilés y Oviedo, a unos 110 Km. También puedes venir en tren, en el transcantábrico (FEVE), o por carretera, en autobús o en coche, desde Oviedo o desde Santander. ¡Te espero!

Publicado por Bea > 2 Comentarios

Yo soy de Tenerife, una de las Islas Canarias. Dicen que aquí siempre es primavera. La verdad es que el clima es muy suave y puedes ir a la playa durante todo el año porque hace sol casi siempre. Bueno en el norte de la isla llueve un poco más y también hace más frío. Es que está el Teide. ¿Sabéis que este volcán es el pico más alto de España? Sí, está a 3718 m. de altura. ¿Queréis nadar en la playa y ver el Teide con nieve? En invierno nieva en lo alto de la montaña, pero no se puede esquiar porque es un Parque Natural. Para llegar hasta aquí lo más fácil es ir en avión a uno de sus dos aeropuertos, el Tenerife Norte o el Tenerife Sur. También puedes venir en barco desde otras islas y también ir en barco a visitar otras como La Gomera o El Hierro. Mario.

Publicado por Mario > 2 Comentarios

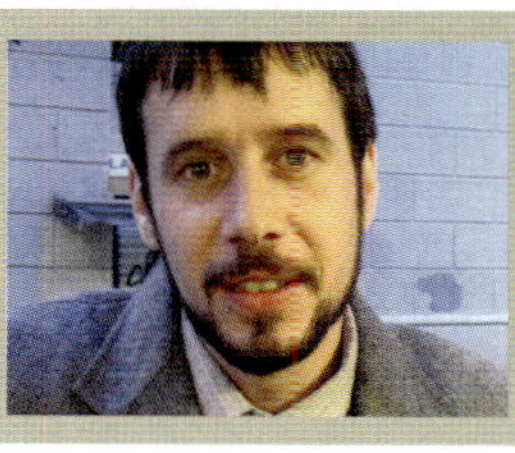

Pues yo soy de Córdoba, en el sur de España, en Andalucía. Aquí no hay playa, ni nieva, ni hace frío. Aquí hace buen tiempo todo el año. En verano, eso sí, hace mucho calor, pero durante todo el año podéis venir a conocer una ciudad con mucha historia y muchos festivales con espectáculos y música. Es una maravilla. Desde Madrid, en el AVE (el tren de alta velocidad) podéis llegar en una hora y cuarenta minutos. Mi ciudad os espera. Pablo

Publicado por Pablo > 2 Comentarios

1

....

2

....

3

....

Para hablar sobre el tiempo atmosférico

llueve / nieva (mucho)

hace (mucho) frío / calor / sol / viento

hace buen / mal tiempo

Para ubicar geográficamente un lugar

está en el norte / sur / este / oeste **de...**

está al este / oeste / norte / sur **de...**

Asturias **está en el norte de** España.
Sevilla **está al sur** de Córdoba.

B. Tú estás pasando unas vacaciones en el lugar de esta fotografía. Escribe un correo electrónico a un amigo hablándole sobre este lugar e imagina cómo se puede llegar a él. Compáralo con un compañero. ¿En qué coincidís?

5 Destinos

Destino Madrid: aquí tienes una descripción de cómo llegar a Madrid en avión. A continuación escribe una descripción de cómo llegar a la ciudad donde vives.

MADRID

A Madrid en avión se llega al aeropuerto de Barajas, desde ahí puedes coger un taxi, el metro o el autobús al centro de la ciudad. Si quieres conocer la ciudad, desde el centro puedes ir andando a muchos museos, tiendas, etc., pero es una ciudad que está bien comunicada y hay muchas estaciones de metro y paradas de autobús en casi todos los itinerarios con sitios de interés. Si quieres visitar los alrededores, también puedes usar el tren o el autobús e ir a Segovia, Toledo o Alcalá de Henares. Son ciudades que están cerca y puedes visitarlas en un día.

Llegar a...

Coger un taxi
el metro
el autobús

Ir andando
a pie
en metro
en autobús a...

Visitar un lugar
una ciudad

Estar (muy) cerca
lejos (de)

....

....

....

....

....

....

....

6 En la oficina de turismo

A. Mira estos tres folletos turísticos sobre tres ciudades españolas y di qué puedes hacer en ellas y cuáles son tus preferencias.

Es una ciudad con historia, con riqueza artística y cultural, y en su gastronomía puedes encontrar recetas exquisitas. En esta ciudad puedes ver el Acueducto, visitar su catedral o sus muchas iglesias, como la de San Martín, la de San Esteban o la de San Millán. Para comer, hay muchos restaurantes y mesones, donde puedes comer algunos de sus platos típicos como la sopa castellana o el cochinillo. En su oferta cultural, durante el mes de mayo, destaca el Festival de Teatro de Títeres, Titirimundi, que es el más importante de Europa.

Segovia, una ciudad para disfrutar

Toledo, la ciudad de las tres culturas

En ella hay sinagogas, mezquitas e iglesias recuerdo de su pasado judío, musulmán y cristiano. Puedes visitar la sinagoga del Tránsito con su museo como ejemplo de la vida de los judíos en Toledo, la mezquita del Cristo de la Luz o la iglesia de Santo Tomé, donde puedes ver El Entierro del Conde Orgaz, una de las obras más importantes de El Greco.

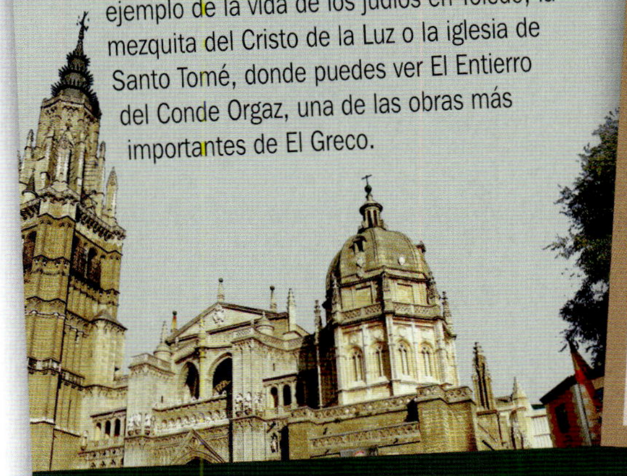

Alcalá de Henares, una ciudad literaria

Es la ciudad de Miguel de Cervantes. Hay muchos lugares que lo recuerdan: la Plaza de Cervantes, la Casa Natal de Cervantes o el Teatro Cervantes. Puedes visitar también su famosa Universidad o su Museo Arqueológico, pero también puedes probar unas tapas típicas en los diferentes bares y cafeterías de la calle Mayor y sus alrededores.

Bueno, en Toledo se pueden visitar mezquitas, pero yo prefiero ir a Alcalá de Henares porque quiero conocer la Casa de Cervantes. Me gusta mucho "El Quijote".

58 **B.** Escucha ahora la conversación que mantiene un turista con un empleado de una oficina de información y turismo de una de las ciudades anteriores, y responde a las siguientes preguntas.

1. ¿En qué ciudad está el turista? ______
2. ¿Qué quiere ver en esta ciudad? ______
3. ¿Dónde está lo que quiere ver? ______
4. ¿Qué horario tiene para el público? ______
5. ¿Cuánto cuesta la entrada? ______

7 Palabras

A. Coloca las siguientes palabras en grupos.

viento

sol | río | taxi | playa | verano | primavera

cristiano | mezquita | llover | sinagoga

norte | autobús | metro | judío | puerto | estación

B. ¿Puedes añadir más palabras que conoces en los grupos? Compara tus palabras con las de un compañero.

8 Países y ciudades del mundo hispano

Piensa en un país o una ciudad de uno de los mapas, tu compañero tiene que averiguar en cuál estás pensando. Usa todos los recursos aprendidos.

- ● ¿Es un país?
- ○ No. Es una ciudad.
- ● ¿Está en España?
- ○ Sí. Está al sur de Madrid.
- ● ¿Sevilla?
- ○ No, no está en Andalucía. Está cerca de Madrid.
- ● ¿Toledo?
- ○ Sí.

9 Tu asociograma

Completa ahora tu propio esquema con lo que has aprendido en esta unidad. Fíjate en el que tienes en la portada de la unidad.

ALGUNOS USOS DE LAS PREPOSICIONES A, DE, CON Y EN

A → dirección o destino del movimiento

*Quiero ir **a** México.*
*Esta tarde voy **al** gimnasio.*
*A mí me gusta ir **a la** playa.*
*Llego **a** León en el tren de las dos.*

DE → para especificar

*Estoy en la estación **de** tren.*
*Hay muchas estaciones **de** metro en esta línea.*
*La parada **de** autobús está muy cerca de mi casa.*

! *Yo no voy **de** vacaciones este año.*
*Ahora estoy **de** vacaciones.*

CON → para expresar compañía

- *¿**Con** quién te gusta viajar?*
- *A mí, me gusta viajar **con** amigos.*

EN → medios de transporte

***en** tren*
***en** avión*
***en** coche*
***en** bicicleta*

*Prefiero viajar **en** avión.*
*Yo voy **en** tren al trabajo.*

! a pie (= andando)

*En esta ciudad puedes ir **a pie** a todos los lugares de interés.*

EN → para expresar tiempo

***en** enero*	*mayo*	*septiembre*
febrero	*junio*	*octubre*
marzo	*julio*	*noviembre*
abril	*agosto*	*diciembre*

***en** primavera*
verano
otoño
invierno

*A mí me gusta ir de vacaciones **en** junio.*
*Este lugar **en** primavera es muy bonito.*

EXPRESAR UBICACIÓN GEOGRÁFICA

*Tarragona **está en** Cataluña.*
*Nuestro cámping **está en** la montaña.*
*Galicia **está en** el oeste de la Península Ibérica.*
*Galicia **está al** oeste de la Península Ibérica.*

! *Chile **está al** oeste de Argentina.*
~~*Chile **está en** el oeste de Argentina.*~~

está al este **de...**	**está en** el norte **de...**
oeste	sur
norte	este
sur	oeste

GUSTAR, INTERESAR, PREFERIR

Estos verbos se usan para hablar de gustos y preferencias.

	GUSTAR Y INTERESAR	PREFERIR
Me	gusta/gustan interesa/interesan	Pref**ie**ro
Te		Pref**ie**res
Le		Pref**ie**re
Nos		Preferimos
Os		Preferís
Les		Pref**ie**ren

! **me** *gusta/interesa*, **le** *gusta/interesa* pero:
yo *prefiero*, **tú** *prefieres*

- *¿**Te interesa** hacer un curso sobre cocina española?*
- *Sí, porque **me gusta** mucho su comida.*
- *Pues yo **prefiero** hacer un curso de baile. **Me gusta** mucho el flamenco.*

QUERER + INFINITIVO

QUERER
qu**ie**ro
qu**ie**res
qu**ie**re
queremos
queréis
qu**ie**ren

! Con **querer + Infinitivo** expresamos un deseo.

- *¿Qué **quieres hacer** en Madrid?*
- ***Quiero visitar** el Museo del Prado.*

PODER + INFINITIVO

PODER
p**ue**do
p**ue**des
p**ue**de
podemos
podéis
p**ue**den

! Con **poder + infinitivo** expresamos la posibilidad para hacer algo.

- *Este año **podemos ir** de vacaciones en julio.*
- *Ah, vale.*
- *¿Sabes si **pueden ir** Carlos y Susana también?*

A lo largo de las unidades has visto en qué consisten las pruebas y qué tareas están incluidas en cada una de ellas. Ahora hacemos un pequeño repaso de todo ello.

En qué consiste

El examen de A1 consta de cuatro pruebas, cada una de ellas relacionada con un ámbito de uso general de la lengua:

prueba 1: comprensión de lectura,

prueba 2: comprensión auditiva,

prueba 3: expresión e interacción escritas,

prueba 4: expresión e interacción orales.

PRUEBA DE COMPRENSIÓN DE LECTURA

La duración de esta prueba es de 45 minutos y está compuesta por cuatro tareas que incluyen 25 ítems.	
Las claves para realizar cada una de las tareas están repartidas entre las cuatro primeras unidades:	**Tarea 1:** 5 ítems de selección múltiple. Véase unidad 1 (páginas 16-17).
	Tarea 2: 6 ítems de relacionar textos muy breves y con apoyo gráfico con enunciados muy breves. Véase unidad 2 (páginas 35-36).
	Tarea 3: 6 ítems también para relacionar. Véase unidad 3 (páginas 53-54).
	Tarea 4: 8 ítems de completar espacios en blanco. Véase unidad 4 (páginas 71-72).

Debes ser capaz de comprender mensajes breves y sencillos.

Debes reconocer nombres, palabras o frases sencillas en textos cortos.

Debes poder entender el sentido general en informaciones e intrucciones de uso frecuente y en descripciones sencillas.

Debes tener la capacidad de obtener información específica de textos informativos o de instrucciones breves y de uso corriente.

PRUEBA DE COMPRENSIÓN AUDITIVA

La duración de esta prueba es de 20 minutos y está compuesta por cuatro tareas que incluyen 25 ítems.	
Las claves para realizar cada una de las tareas están repartidas entre las cuatro primeras unidades:	**Tarea 1:** 5 ítems de selección múltiple. Véase unidad 1 (páginas 18-20).
	Tarea 2: 5 ítems de relacionar mensajes con imágenes. Véase unidad 3 (páginas 55-56).
	Tarea 3: 8 ítems de relacionar datos del texto de entrada con enunciados. Véase unidad 2 (páginas 37-38).
	Tarea 4: 7 ítems de completar espacios en blanco. Véase unidad 4 (páginas 73-74).

Debes ser capaz de entender la idea general y de obtener datos concretos en conversaciones breves y sencillas.

Tienes que entender la idea general y obtener información específica, como horas, números, precios, etc., en mensajes o avisos muy breves.

Tienes que comprender enunciados sencillos sobre aspectos muy cotidianos en relación con personas, lugares, objetos, etc.

Debes tener la capacidad de comprender la idea general de monólogos o conversaciones breves emitidos lentamente y con articulación clara.

PRUEBA DE EXPRESIÓN E INTERACCIÓN ESCRITAS

La duración de esta prueba es de 25 minutos y está compuesta por dos tareas. Una para completar un formulario y otra para redactar un texto.	
Las claves para realizar cada una de las tareas están repartidas entre las cuatro primeras unidades:	**Tarea 1:** completar un formulario. Véase unidad 1 (páginas 21-22) y unidad 3 (páginas 57-58).
	Tarea 2: redactar un correo electrónico, tarjeta postal o mensaje, un anuncio o nota informativa. Véase unidad 2 (páginas 39-40) y unidad 4 (páginas 75-76).

Debes saber proporcionar datos personales básicos.

Debes poder escribir frases sencillas sobre la propia identidad o sobre el entorno inmediato.

Tienes que ser capaz de intercambiar mensajes de cortesía y transmitir información básica, relacionada con áreas de necesidad inmediata.

PRUEBA DE EXPRESIÓN E INTERACCIÓN ORALES

La duración de esta prueba es de 15 minutos y está compuesta por cuatro tareas.	
Las claves para realizar cada una de las tareas están repartidas entre las cuatro primeras unidades:	**Tarea 1:** monólogo breve previamente preparado sobre datos de identidad personal. 1 ó 2 minutos. Véase unidad 1 (páginas 23-24).
	Tarea 2: monólogo breve previamente preparado sobre un tema del entorno personal inmediato. 2 ó 3 minutos. Véase unidad 2 (páginas 41-42).
	Tarea 3: conversación con el entrevistador sobre información proporcionada en la tarea 2. 3 ó 4 minutos. Véase unidad 4 (páginas 77-78).
	Tarea 4: intercambios conversacionales muy breves entre candidato y entrevistador. 2 ó 3 minutos. Véase unidad 3 (páginas 59-60).

Debes ser capaz de presentarte y hablar de ti mismo y de tu entorno inmediato: personas conocidas, lugares, actividad académica o profesional, etc., mediante enunciados breves y sencillos. Puedes consultar las notas preparadas, pero no leerlas.

Debes poder hablar de ti y de otras personas que conoces en relación con la identidad, la vida cotidiana, el trabajo o el estudio, el ocio, la vivienda, las vacaciones, etc., mediante enunciados breves y sencillos. Puedes consultar las notas preparadas, pero no leerlas.

Debes ser capaz de responder a las preguntas del entrevistador, que es cooperativo, relacionadas con los temas anteriores en forma de conversación.

Tienes que ser capaz de responder a las preguntas del entrevistador, pero también de hacerle preguntas a él. Los intercambios conversacionales se realizan con la ayuda de láminas que sirven de estímulo visual.

Más actividades para practicar la comprensión de lectura

1. Aquí tienes un calendario académico de un centro de enseñanza de lenguas. Completa las frases que están a continuación del mismo con la información del calendario.

Enero

				1	2	3
4	5	6	7	8	9	10
11	12	13	14	15	16	17
18	19	20	21	22	23	24
25	26	27	28	29	30	31

Febrero

1	2	3	4	5	6	7
8	9	10	11	12	13	14
15	16	17	18	19	20	21
22	23	24	25	26	27	28

Marzo

1	2	3	4	5	6	7
8	9	10	11	12	13	14
15	16	17	18	19	20	21
22	23	24	25	26	27	28
29	30	31				

Abril

			1	2	3	4
5	6	7	8	9	10	11
12	13	14	15	16	17	18
19	20	21	22	23	24	25
26	27	28	29	30		

Mayo

					1	2
3	4	5	6	7	8	9
10	11	12	13	14	15	16
17	18	19	20	21	22	23
24	25	26	27	28	29	30/31

Junio

	1	2	3	4	5	6
7	8	9	10	11	12	13
14	15	16	17	18	19	20
21	22	23	24	25	26	27
28	29	30				

Julio

			1	2	3	4
5	6	7	8	9	10	11
12	13	14	15	16	17	18
19	20	21	22	23	24	25
26	27	28	29	30	31	

Agosto

						1
2	3	4	5	6	7	8
9	10	11	12	13	14	15
16	17	18	19	20	21	22
23/30	24/31	25	26	27	28	29

Septiembre

		1	2	3	4	5
6	7	8	9	10	11	13
13	14	15	16	17	18	20
20	21	22	23	24	25	26
27	28	29	30			

Octubre

				1	2	3
4	5	6	7	8	9	10
11	12	13	14	15	16	17
18	19	20	21	22	23	24
25	26	27	28	29	30	31

Noviembre

1	2	3	4	5	6	7
8	9	10	11	12	13	14
15	16	17	18	19	20	21
22	23	24	25	26	27	28
29	30					

Diciembre

		1	2	3	4	5
6	7	8	9	10	11	13
13	14	15	16	17	18	20
20	21	22	23	24	25	26
27	28	29	30	31		

- Días festivos
- Sin clase
- Comienzo de los cursos
- Exámenes

Los clases siempre empiezan los ....(1)................

Un curso empieza en ....(2)..............., otro en ....(3).............. y el de verano en ....(4)...............

Hay exámenes en ....(5)............... y en ....(6)............... durante una semana.

Los últimos tres días de ....(7)............... no hay clases.

En abril hay ....(8)............... días festivos.

Este año la fiesta del 12 de octubre es un ....(9)...............

El mes en el que no hay clases es ....(10)...............

Más actividades para practicar la comprensión auditiva

59 1. Vas a escuchar un mensaje en un contestador automático. A continuación responde a las siguientes preguntas.

Mundotour

1. El mensaje es...
   - ☐ a. de un hotel.
   - ☐ b. de una agencia de viajes.
   - ☐ c. del señor Rivero García.

2. El billete es...
   - ☐ a. de avión.
   - ☐ b. de tren.
   - ☐ c. de autobús.

3. ¿A qué hora sale?

10:00 ☐ a.

☐ b.

21:20 ☐ c.

4. El Bahía Azul...
   - ☐ a. es un hotel de tres estrellas.
   - ☐ b. está lejos del mar.
   - ☐ c. está en Mallorca.

5. La oferta del viaje es de...
   - ☐ a. 920 euros.
   - ☐ b. 540 euros.
   - ☐ c. 450 euros.

6. Para tener más información puede llamar al número ... Complétalo con los cinco números que faltan.

90__ 42 __ __ __ __

Más actividades para practicar la expresión e interacción escritas

1. Tienes que cambiar de trabajo y tienes que trasladarte a vivir a otra ciudad, pero no quieres llevarte ni los muebles ni algunos de los objetos de tu habitación y decides venderlos. Escribe un anuncio (entre 20 y 30 palabras) para venderlos.

Vendo...

Debes incluir:
- la descripción de los muebles y objetos que quieres vender;
- el precio;
- la manera de contactar contigo.

Más actividades para practicar la expresión e interacción orales

1. a. Aquí tienes cinco fotografías de Eva de diferentes aspectos de su vida: ¿cón qué temas relacionas cada una de las imágenes?

....

....

vivienda
estudios
tiempo de ocio
vacaciones
familia

....

....

....

1. b. Imagina cómo es la vida de Eva y descríbela para tu compañero con ayuda de las fotografías.

Exámenes

ALGUNAS INDICACIONES PARA REALIZAR LOS EXÁMENES

En la página web del Instituto Cervantes **http://diplomas.cervantes.es/** encontrarás toda la información relativa al **Examen DELE Nivel A1**: inscripciones, fechas de las convocatorias, formato de las pruebas, modelos de examen, precios y hojas de inscripción, etc., así como información sobre el resto de niveles.

En el examen del DELE te entregarán una **Hoja de respuestas** para que anotes tus opciones para la prueba de Comprensión de lectura y para la prueba de Comprensión auditiva y para que hagas las tareas de la prueba de Expresión e interacción escritas.

La PRUEBA DE COMPRENSIÓN DE LECTURA contiene 4 tareas.
Debes responder 25 preguntas.
La duración de esta prueba es de 25 minutos.

La PRUEBA DE COMPRENSIÓN AUDITIVA contiene 4 tareas.
Debes responder 25 preguntas.
La duración de esta prueba es de 20 minutos.

La PRUEBA DE EXPRESIÓN E INTERACCIÓN ESCRITAS contiene 2 tareas.
La duración de esta prueba es de 25 minutos.

La PRUEBA DE EXPRESIÓN E INTERACCIÓN ORALES contiene 4 tareas.
La duración de cada una de las tareas es la siguiente:

TAREA 1: presentación personal (1-2 minutos).
TAREA 2: exposición de un tema (2-3 minutos).
TAREA 3: conversación con el Entrevistador (3-4 minutos).
TAREA 4: diálogos basados en láminas (2-3 minutos).

Para la preparación de las tareas 1 y 2, dispones de 15 minutos antes de la conversación con el Entrevistador.

PRUEBA DE COMPRENSIÓN DE LECTURA

TAREA 1

Instrucciones

Lea este correo electrónico. A continuación, responda a cinco preguntas sobre el texto. Elija la respuesta correcta (A, B, C o D).

Marque las opciones elegidas en la ***Hoja de respuestas****.*

¡Hola, Rafa!

Ya estoy en Cartagena de Indias después de doce horas de avión. Pero no importa, porque la ciudad es muy bonita y hace muy buen tiempo. Y ahí, ¿hace mucho frío todavía?

Es mi primera vez en Colombia y quiero dar un paseo por el puerto y por las calles para saber más cosas sobre esta ciudad colonial. Sí, estoy aquí para ir al Congreso Internacional de la Lengua Española y no de vacaciones, pero empieza esta tarde.

Hoy hablan Antonio Skármeta, el escritor y diplomático chileno, sobre el español como lengua universal, y algunos músicos, como el colombiano Carlos Vives y el argentino, Fito Páez que hablan de la importancia de la canción hispana.

Ahora voy a comprarme ropa, porque mis maletas están todavía en Madrid. Tengo solo los pantalones y el jersey de invierno que llevo puestos. Necesito una camisa y unos pantalones de verano.

Mañana te escribo más sobre la canción hispana. Finalmente voy a escuchar a los músicos. Ah, y muchas gracias por dar mis clases de literatura mientras estoy aquí.

Un abrazo

Antón

Preguntas

1. Antón está en Cartagena de Indias...

a) de vacaciones.
b) para ir a un Congreso.
c) para conocer la ciudad.
d) para saber más sobre la música hispana.

2. Antón le cuenta a Rafa que...

a) hace mal tiempo.
b) hace tiempo de invierno.
c) hace buen tiempo.
d) hace frío.

3. Por la manaña, Antón quiere...

a) ir a dar un paseo por la ciudad.
b) ir a escuchar música.
c) oír hablar a un escritor chileno.
d) oír hablar sobre la canción hispana.

4. Rafa...

a) está también en Colombia.
b) tiene las maletas de Antón.
c) tiene ropa de verano para Antón.
d) da las clases de literatura de Antón.

5. Antón necesita...

A)

B)

C)

D)

TAREA 2

Instrucciones

Lea estos avisos, anuncios, letreros y carteles que nos encontramos en nuestra vida cotidiana y relaciónelos con el lugar donde suelen estar. Hay tres de ellos que no debe seleccionar.

Marque las opciones elegidas en la ***Hoja de respuestas****.*

Ejemplo: Lugar 0: En un restaurante.

La opción correcta es la **A**. Márquela en la **Hoja de respuestas**.

0.	A	B	C	D	E	F	G	H	I
	■								

A

B

C

D

E

F

G

H

I

0.	*En un restaurante.*	**A**
6.	*En una zapatería.*	
7.	*En un centro de idiomas.*	
8.	*En un cine.*	
9.	*En el supermercado.*	
10.	*En un museo.*	
11.	*En un aeropuerto.*	

TAREA 3

PRUEBA DE COMPRENSIÓN DE LECTURA

Instrucciones

Lea los títulos de los libros del catálogo de una librería, y una breve descripción sobre ellos, y relaciónelos con la frase que corresponde. Hay tres títulos que no debe seleccionar.

Marque las opciones escogidas en la ***Hoja de respuestas.***

Ejemplo: **0.** Tengo que escribir una redacción para la clase de alemán, pero mi nivel de vocabulario es muy bajo.

La opción correcta es la **A**. Márquela en la **Hoja de respuestas**.

0.	A	B	C	D	E	F	G	H	I	J
	■									

(A)

Diccionario de las lenguas española y alemana

Aquí puedes encontrar todas las palabras que necesitas. Un libro imprescindible para aprender alemán.

(B)

Guía de Colombia

Conoce Colombia y sus gentes. Colombianos abiertos y conversadores en un país tropical lleno de contrastes, con una variada geografía.

(C)

¡En el cole!

Mañana es el gran día. Álex va a la escuela por primera vez. Es el momento de conocer a nuevos amigos, de descubrir un mundo lleno de conocimientos y experiencias.

(D)

Bueno, bonito y barato

Recetas para tiempos de crisis. Puedes cocinar para los amigos con poco dinero.

(E)

A la una... A las dos, a las tres

Curso de español para niños de 8 a 11 años. Los alumnos aprenden español mientras hablan con sus compañeros, dibujan y cantan.

(F)

Yoga. Pilates

Para personas que no tienen tiempo de ir al gimnasio. Una guía muy práctica y fácil de seguir para hacer yoga y pilates en casa.

(G)

Clases de cine

Si quieres conocer películas del cine español y aprender el idioma, este es tu libro.

(H)

La Habana. Guías de ciudad

Guía para descubrir la verdadera Habana y disfrutar de todo lo que esta ciudad tiene que ofrecer.

(I)

Animales de la granja

Los animales más pequeños y más grandes están aquí. Los niños pueden aprenderlo todo sobre los animales de la granja.

(J)

Recetas sencillas del mundo

Recetas de elaboración sencilla y rápida, de todo el mundo. Con fotografías que guían al lector paso a paso.

0.	Tengo que escribir una redacción para la clase de alemán, pero no tengo mucho vocabulario.	**A**
12.	El hijo de una amiga francesa quiere aprender español. Tiene 9 años.	
13.	Quiero aprender a cocinar, pero no tengo tiempo para hacer comidas muy difíciles.	
14.	Quiero visitar solamente una ciudad, pero bien, porque tengo cuatro días de vacaciones.	
15.	Mi nieto empieza el colegio la semana que viene y no quiere ir.	
16.	Quiero hacer un viaje a un país hispanoamericano para conocer muchas cosas de su cultura.	
17.	Quiero hacer algún deporte pero fácil y en casa.	

TAREA 4

PRUEBA DE COMPRENSIÓN DE LECTURA

Instrucciones

Observe la programación de las películas de la semana de algunas cadenas de televisión. Una semana dedicada al cine clásico español. Complete las frases que aparecen a continuación.

LA GRAN FAMILIA (1962)
Es la historia de un matrimonio que tiene quince hijos y un abuelo.

Canal 4
Día: Lunes 19
Horario: 16.00

DEL ROSA AL AMARILLO (1963)
Dos historias de amor: una entre Guillermo y Margarita, dos niños en edad escolar; y la de Valentín y Josefa, dos personas mayores que viven en una residencia de la tercera edad.

TV5
Día: Martes 20
Horario: 21.00

CALLE MAYOR (1956)
Es la historia de Isabel, una mujer soltera, de 35 años. Ella cree que Juan quiere casarse con ella, pero Juan no piensa lo mismo.

La 7
Día: Miércoles 21
Horario: 22:00

MAMÁ CUMPLE 100 AÑOS (1979)
Todos los hijos de la madre se preparan para celebrar sus cien años.

Antena 9
Día: Jueves 22
Horario: 17:00

TODO SOBRE MI MADRE (1999)
El hijo de Manuela muere en un accidente. Ella va a Barcelona a buscar al padre del joven, que no lo sabe.

Tele 3
Día: Sábado 24
Horario: 23:00

LA TÍA TULA (1964)
Cuando muere su hermana, Tula se va a vivir con sus sobrinos y el marido de su hermana.

Canal Norte
Día: Viernes 23
Horario: 19:00

- *La primera película española de la semana es* ....(18)..........................
- *La protagonista de la película del miércoles se llama* ....(19).......................... *y es* ....(20)..........................
- *En la película del lunes hay un abuelo que tiene muchos* ....(21)..........................
- *Podemos ver la historia de dos parejas el* ....(22)..........................
- *La película sobre el cumpleaños podemos verla en* ....(23)..........................
- *La película de 1964 es a las* ....(24)..........................
- *La última película de la semana es del año* ....(25)..........................

PRUEBA DE COMPRENSIÓN AUDITIVA

TAREA 1

61 Instrucciones

*A continuación va a escuchar **cinco diálogos** breves entre dos personas. Escuchará cada diálogo dos veces. Después de la segunda audición, marque la opción correcta (A, B, C o D).*

Ejemplo: **0.** ¿A qué hora van al cine?

La opción correcta es la **A**. Márquela en la **Hoja de respuestas**.

0.	A	B	C	D
	■			

a)

b)

c)

d)

1. **¿Qué van a hacer?**

A)

B)

C)

D)

2. **¿A qué se dedica su novia?**

A)

B)

C)

D)

3. **¿Qué usan para ir a la catedral?**

A)

B)

C)

D)

4. **¿Qué deporte practica?**

A)

B)

C)

D)

5. ¿Qué tiempo hace hoy en Madrid?

A)

B)

C)

D)

TAREA 2

PRUEBA DE COMPRENSIÓN AUDITIVA

62 Instrucciones

*A continuación escuchará cinco mensajes muy breves. Oirá cada intervención dos veces. Relacione los textos con las imágenes. Después de la segunda audición marque la opción correcta en la **Hoja de respuestas**.*

*Hay **tres imágenes** que no debe seleccionar.*

Ejemplo: Mensaje 0: ¡Silencio, por favor!

La opción correcta es la **A**. Márquela en la **Hoja de respuestas**.

0.	A	B	C	D	E	F	G	H	I	J	K	L	M
	■												

	TABLÓN 1	TABLÓN 2
	Mensaje 0	A
6.	Mensaje 1	
7.	Mensaje 2	
8.	Mensaje 3	
9.	Mensaje 4	
10.	Mensaje 5	

A)

B)

C)

D)

E)

F)

G)

H)

TAREA 3

PRUEBA DE COMPRENSIÓN AUDITIVA

63 Instrucciones

Va a escuchar a Elena hablando sobre el lugar donde vive. Cada audición se repite dos veces. Relacione cada lugar con una letra (columna de la derecha).

Hay ***tres letras*** *que no debe seleccionar.*

Marque las opciones elegidas en la ***Hoja de respuestas****.*

Ejemplo: **0.** Elena dice: Mi ciudad no es muy grande. Tiene unos 150 000 habitantes.

La opción correcta es la **C**.

0.	A	B	C	D	E	F	G	H	I	J	K	L	M
				■									

0 Mi ciudad	**D**
11 Mi barrio	
12 Mi casa	
13 El garaje	
14 La cocina	
15 El salón	
16 La terraza	
17 El dormitorio	
18 El cuarto de baño	

A tiene muchos autobuses.	
B está llena de flores.	
C tiene tres ventanas.	
D no es muy grande.	
E está bien comunicado.	
F tiene una escalera interior.	
G es muy pequeño.	
H es muy luminoso.	
I tiene una mesa grande.	
J está al lado del cuarto de baño.	
K es para todos los vecinos.	
L tiene ascensor.	

TAREA 4

PRUEBA DE COMPRENSIÓN AUDITIVA

64 Instrucciones

Bruno hace un curso de inglés en Irlanda y llama por teléfono a su madre para contarle la experiencia. Su madre no contesta al teléfono, por eso le deja un mensaje en el contestador.

Escriba cada palabra en la ***Hoja de respuestas****.*

Ejemplo: **0.** Los compañeros de Bruno son muy simpáticos.

19. No le gusta el tiempo porque hace ____________________.
20. Se levanta a las ____________________.
21. Las clases empiezan a las ____________________.
22. Comen a la ____________________.
23. Cenan verduras con ____________________.
24. En el colegio pueden hacer ____________________.
25. Su nivel de inglés ahora es ____________________.

PRUEBA DE EXPRESIÓN E INTERACCIÓN ESCRITAS

TAREA 1

Un compañero de estudios quiere comprar un libro. Usted conoce una librería que da información electrónica a través de su página web.

Complete el formulario con la información del libro y de su compañero.

Petición de información

Deseo información sobre el siguiente libro:

Nombre del libro: ____________________

Observaciones (autor), (país), (breve descripción del tipo de libro): ____________________

Datos personales:

Nombre: __________ Apellidos: __________

Dirección: ____________________

Ciudad: __________ C.P. __________ País: __________

Teléfono: __________ E-mail: __________

Quiero recibir también información sobre los siguientes temas:

____

TAREA 2

PRUEBA DE EXPRESIÓN E INTERACCIÓN ESCRITAS

Quiere compartir la casa con otro estudiante. Escriba un mensaje en forma de correo electrónico para la red social de la universidad en el que debe:

- *saludar;*
- *decir brevemente cómo es usted y cuáles son sus horarios;*
- *hacer una breve descripción de la casa y de la habitación ofrecida;*
- *despedirse.*

Número de palabras: entre 20 y 30.

PRUEBA DE EXPRESIÓN E INTERACCIÓN ORALES

TAREA 1

PRESENTACIÓN PERSONAL DEL CANDIDATO

Instrucciones

*Debe hacer su presentación personal durante **1 ó 2 minutos**. Puede hablar sobre:*

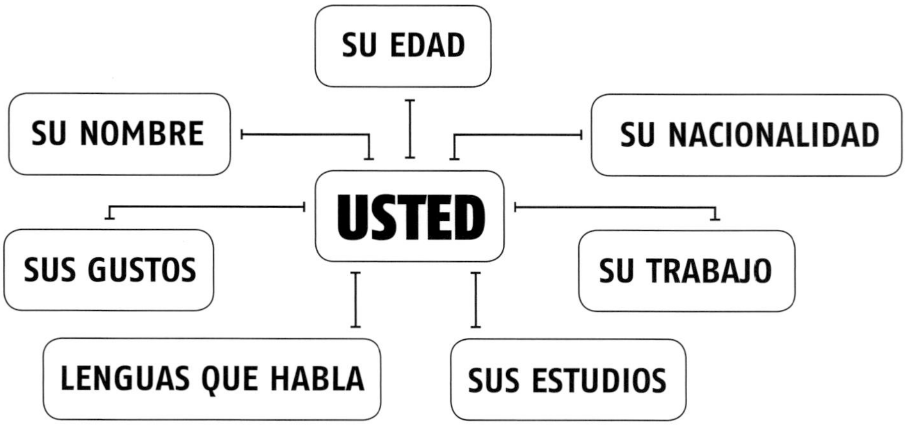

TAREA 2

EXPOSICIÓN DE UN TEMA

Instrucciones

*Seleccione **tres** de las cinco opciones para hablar durante **2 ó 3 minutos**.*

Puede hablar de:
- ¿Qué hace?
- ¿Con quién?
- ¿Cuándo?

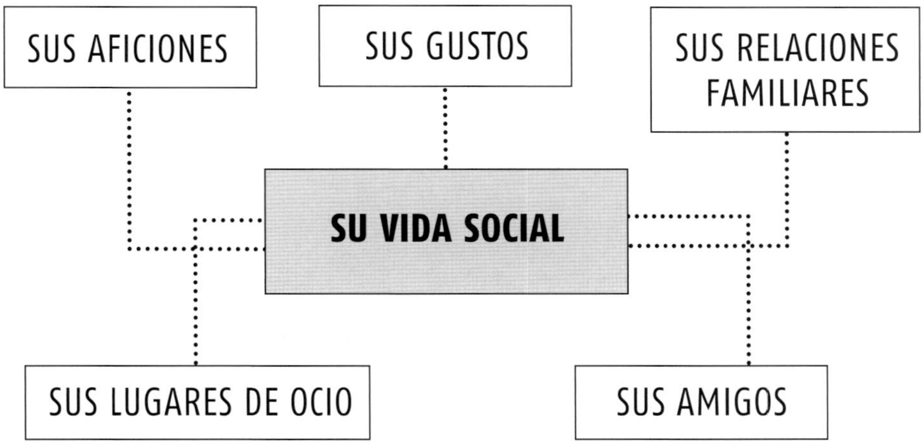

TAREA 3

CONVERSACIÓN CON EL ENTREVISTADOR

Instrucciones

Va a tener una conversación con el Entrevistador sobre su presentación y sobre su exposición del tema.
*La conversación durará **3 minutos** aproximadamente.*

Posibles preguntas del Entrevistador:

- ¿Qué otros lugares de ocio hay en su ciudad? ¿Hay lugares para hacer deporte? ¿Usted practica alguno?
- ¿Me puede decir dónde va los fines de semana? ¿Va al cine? ¿Le gusta ir a la discoteca o a cenar? ¿Va solo?
- ¿Sus amigos viven cerca de usted? ¿Usa el ordenador para hablar con ellos o el teléfono? ¿Con qué frecuencia hablan?
- ¿Qué otras actividades hace con sus amigos? ¿Dónde?

TAREA 4

PRUEBA DE EXPRESIÓN E INTERACCIÓN ORALES

DIÁLOGOS BASADOS EN LÁMINAS

Instrucciones

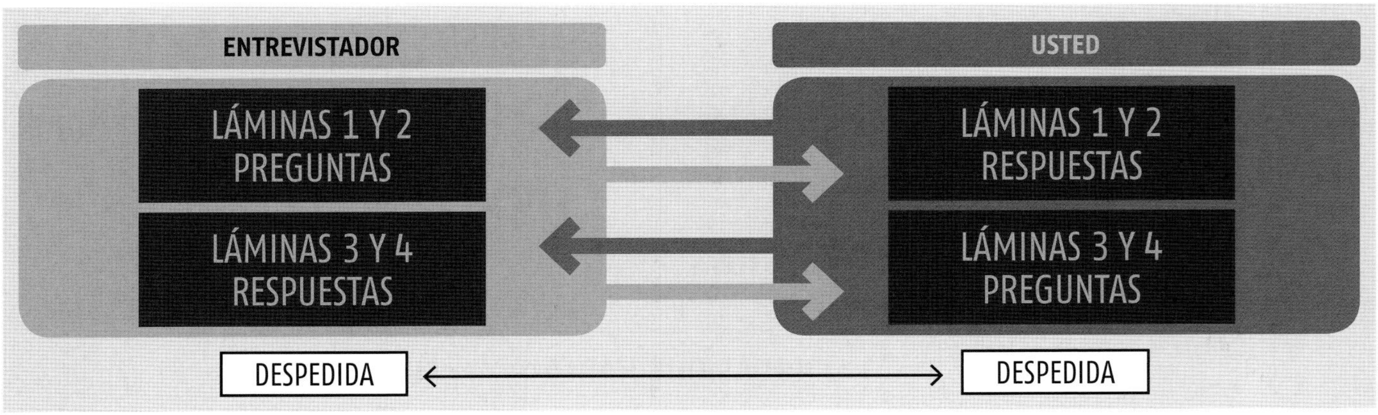

LÁMINA 1: El Entrevistador pregunta

LÁMINA 1: Usted responde

LÁMINA 2: El Entrevistador pregunta

LÁMINA 2: Usted responde

LÁMINA 3: El Entrevistador responde

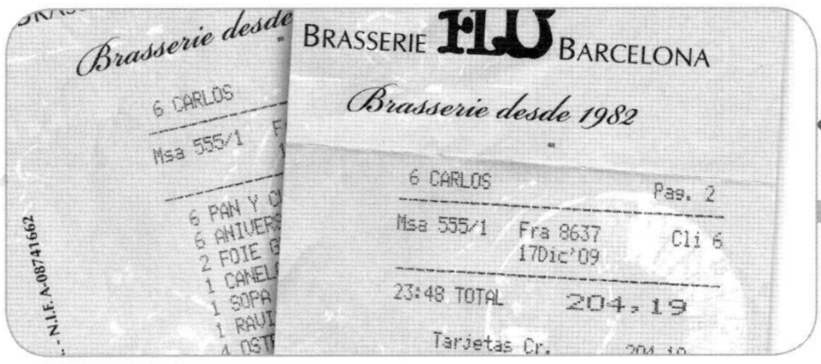

LÁMINA 3: Usted pregunta

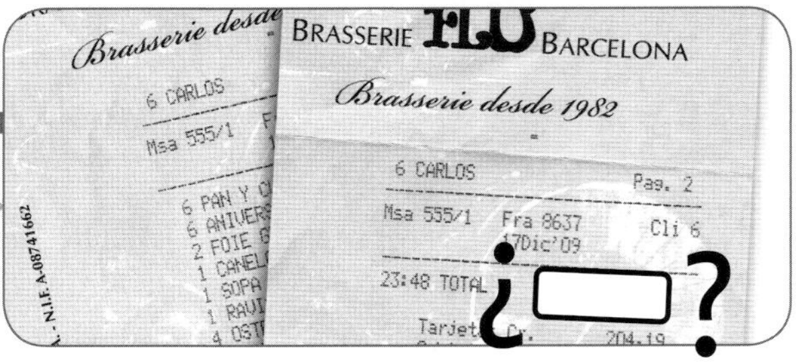

LÁMINA 4: El Entrevistador responde

LÁMINA 4: Usted pregunta

PRUEBA DE COMPRENSIÓN DE LECTURA

TAREA 1

*Lea esta página de un diario y responda a las preguntas sobre el texto. Elija la respuesta correcta (A, B, C o D). Marque las opciones elegidas en la **Hoja de respuestas**.*

Querido diario:

Hoy no quiero escribir cosas del pasado, sino de las cosas que pienso hacer hoy. Quiero ir pronto a la universidad para estudiar en la biblioteca. Tengo que repasar todos los temas para el examen de literatura que es mañana. Después, tengo clase de historia y el profesor va a pedir los ejercicios sobre la Guerra Civil y tenemos que corregirlos en parejas. Mi compañero es Jorge, pero él nunca hace las actividades para casa y yo siempre le ayudo.

Al mediodía, quiero comer en el bar de la universidad con algunos compañeros que hablan muy bien inglés, así puedo practicar un poco.

Hoy por la tarde no voy al gimnasio, prefiero ir al cine con una amiga para ver una película histórica porque después tengo que escribir tres páginas para entregarlas al profesor de crítica del cine.

Por la noche me quiero acostar muy pronto porque mañana por la mañana tengo que levantarme a las 6 para coger el tren a París.

Besos,

Sara

Preguntas

1. Sara escribe hoy en su diario sobre...

a) cosas que hace en el pasado.
b) todos los días.
c) lo que quiere hacer hoy.
d) lo que quiere hacer con Jorge.

2. Sara...

a) trabaja en la universidad
b) estudia en el instituto
c) es estudiante universitaria
d) no hace nada

3. En la universidad...

a) tiene clases de literatura, historia y cine.
b) tiene que ver películas.
c) va al gimnasio.
d) tiene clases de lengua.

4. Jorge es...

a) su novio.
b) su padre.
c) su profesor.
d) su compañero de clase.

5. Por la noche Sara...

A)

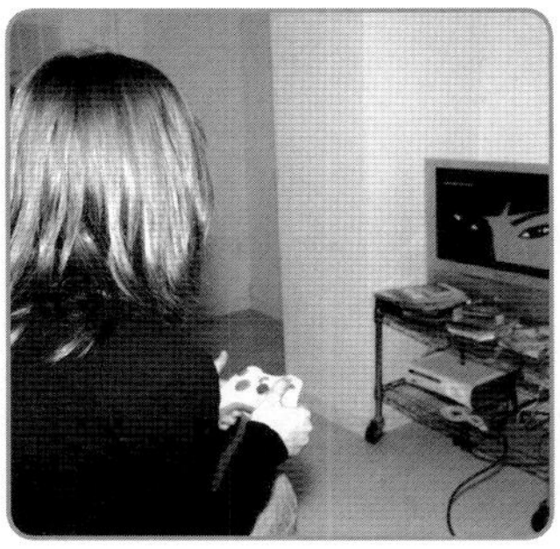

B)

C)

D)

TAREA 2

UEBA DE COMPRENSIÓN DE LECTURA

Instrucciones

Ana tiene que hacer muchas cosas mañana en el trabajo. Lea todas las notas que ha escrito Ana y relacione cada una con las diferentes tareas que ella tiene. Hay tres notas que no debe seleccionar.

*Marque las opciones elegidas en la **Hoja de respuestas**.*

Ejemplo: **Nota 0**: Preparar la reunión.

La opción correcta es la **A**. Márquela en la **Hoja de respuestas**.

0.	A	B	C	D	E	F	G	H	I
	■								

Febrero

1 Lunes

A Traducir el documento para la reunión de mañana y hacer fotocopias para todos los asistentes.

B Acompañar a Sarita a la escuela a las 9, su padre no puede.

C La fotocopiadora está rota.

2 Martes

D Comprar los billetes de avión para el Sr. González.

E Recoger las llaves de la oficina, están en el coche.

F 18h Dentista (Sara).

3

G Comprar el periódico "El Internacional".

Febrero

4 Jueves

H Enviar correos electrónicos a los clientes.

I Reunión de padres de alumnos.

J Cena de trabajo. Restaurante Pilpil.

0.	*Preparar la reunión*	**A**
6.	*Organizar un viaje*	
7.	*Ir a la escuela.*	
8.	*Llevar a Sarita al médico*	
9.	*Reservar mesa para 10.*	
10.	*Informarse sobre política exterior.*	
11.	*Llamar al técnico.*	

TAREA 3

PRUEBA DE COMPRENSIÓN DE LECTURA

Instrucciones

Lea los siguientes anuncios de publicidad y relacione cada texto con el número correspondiente. Hay tres anuncios que no debes seleccionar.

*Marque las opciones escogidas en la **Hoja de respuestas**.*

Ejemplo: **0**. Hoy me siento muy mal, tengo fiebre y no tengo fuerzas para moverme.

La opción correcta es la **D**. Márquela en la **Hoja de respuestas**.

0.	A	B	C	D	E	F	G	H	I	J
				■						

A

CRISTALIMP es una solución para todos los cristales de tu casa y es muy ecológico.

B

YOGURYA, para mantenerte en forma, todas las mañanas toma un yogurt, tu cuerpo responderá.

D

¿Tienes mucho frío?
¿Tienes mucho calor?
¿Tos, fiebre y estornudos?
Toma ASPRIN,
te sentirás mejor.

H

Un animal siempre puede hacerte compañía. Ven a ANIMALANDIA y conoce a todos nuestros amigos, te enamorarás.

E

Ordenadores ACANT, mucho espacio en su memoria, mil aplicaciones que te van a ayudar en tu trabajo, portátiles a buen precio.

C

La mejor crema para tu piel es la que te acaricia. Para todo tipo de pieles, SUAVIN.

F

Viajes el TROTERO, te proponemos todo tipo de aventuras: montaña, selva, ciudades...

I

¿Tienes un gran talento para potenciarlo? Ven a la academia de arte más prestigiosa de Granada, EL CUARTO MURO.

G

¿Estás buscando pareja y no la encuentras? Agencia matrimonial **AMOREAR**, en menos de un mes te vamos a presentar a tu media naranja.

J

Librería SAMARKANDA

Todo tipo de libros de viajes, aventuras y en todos los idiomas, para viajar y practicar la lengua de los países más desconocidos.

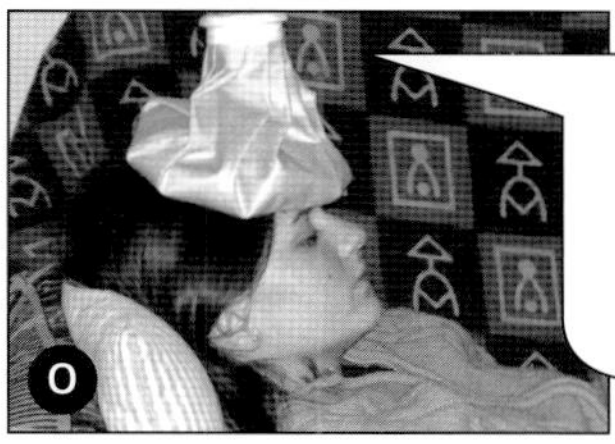

0

Hoy me siento muy mal, tengo fiebre y no tengo fuerzas para moverme.

12

Queremos ir de viaje pero no tenemos una buena guía, la queremos en inglés.

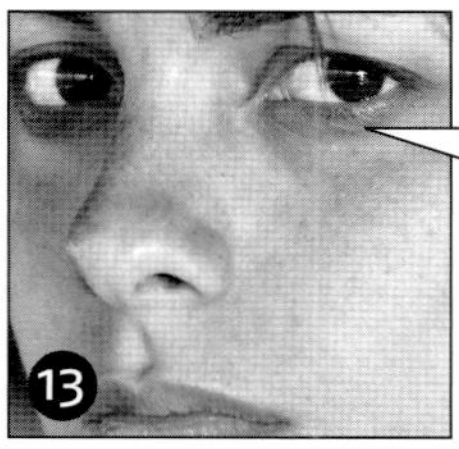

13

Patricia se siente muy sola, ¿por qué no le regalamos un perro?

14

Mi piel está muy seca, creo que es el agua de esta ciudad.

15

Tengo que limpiar mi casa pero no tengo ningún producto para los cristales.

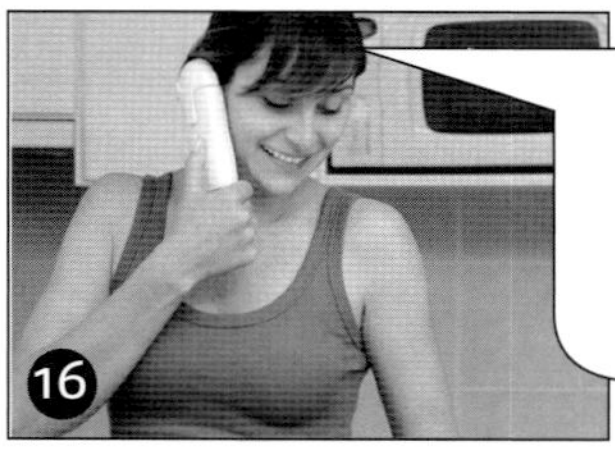

16

Si vas al supermercado, ¿puedes comprar yogures?

17

Javi canta muy bien. ¿Dónde puede estudiar para mejorar?

0.	D
12.	
13.	
14.	
15.	
16.	
17.	

TAREA 4

Instrucciones

Éste es el horario de Claudia de este año. Léalo y complete las oraciones que aparecen a continuación con la información del texto.

Ejemplo: **0.** Claudia los viernes a las 8 de la mañana tiene ___*libre*___.

Horario de Claudia. 1º de Bachillerato

LUNES	MARTES	MIÉRCOLES	JUEVES	VIERNES
8:00 INGLÉS	8:00 TUTORÍA	8:00 INGLÉS	8:00 OPTATIVA	8:00 LIBRE
8:45 LITERATURA		8:45 LITERATURA		8:45 LENGUA
10:00 MÚSICA	10:00 MÚSICA	10:00 BIOLOGÍA	10:00 BIOLOGÍA	10:00 BIOLOGÍA
10:45 RECREO	10:45 RECREO	10:45 RECREO	10:45 RECREO	10:45 RECREO
11:00 EDUCACIÓN FÍSICA	11:00 HISTORIA	11:00 HISTORIA	11:00 HISTORIA	11:00 EDUCACIÓN FÍSICA
	11:45 INGLÉS	11:45 EDUCACIÓN PARA LA CIUDADANÍA	11:45 EDUCACIÓN PARA LA CIUDADANÍA	
12:30 RECREO	12:30 RECREO	12:30 RECREO	12:30 RECREO	12:30 RECREO
13:00 MATEMÁTICAS	13:00 LENGUA	13:00 LIBRE	13:00 MATEMÁTICAS	13:00 MATEMÁTICAS
13:45 LENGUA	13:45 FILOSOFÍA	13:45 ÉTICA O RELIGIÓN	13:45 FILOSOFÍA	13:45 QUÍMICA
14:30 LIBRE	14:30 QUÍMICA		14:30 QUÍMICA	14:30 OPTATIVA
		COMIDA		
18:00 CURSO DE INFORMÁTICA				18:00 CLASE DE DANZA
	19:00 CLASE DE DANZA		19:00 REUNIÓN: ASOCIACIÓN A FAVOR DE LOS ANIMALES	
		20:00 CURSO DE CINE		

Claudia tiene danza el ....(18).................... y el ....(19)....................

Tiene una reunión con los amigos de los animales el ....(20).................... a las 19 h.

Las clases de literatura son los lunes y ....(21).................... a las ....(22)....................

El miércoles por la noche Claudia tiene un clase de ....(23)....................

El segundo recreo en su escuela es a las ....(24)....................

Claudia los viernes a las 8.45 h. tiene ....(25)....................

PRUEBA DE COMPRENSIÓN AUDITIVA

TAREA 1

65 Instrucciones

*A continuación va a escuchar **cinco diálogos** breves entre dos personas. Va a escuchar cada diálogo dos veces. Después de la segunda audición, marque la opción correcta (A, B, C o D).*

Ejemplo: **0.** ¿Qué hace Esteban todas las tardes?

A)

B)

C)

D)

La opción correcta es la **A**. Márquela en la **Hoja de respuestas**.

0.	A	B	C	D
	(filled)			

1.¿Dónde está María cuando su madre llega a casa?

A)

B)

C)

D)

2. ¿Qué clase tienen los jueves por la mañana?

A)

B)

C)

D)

3. ¿A qué hora se levanta?

A)

B)

C)

D)

4. ¿Qué día de la semana no trabaja?

A)

B)

C)
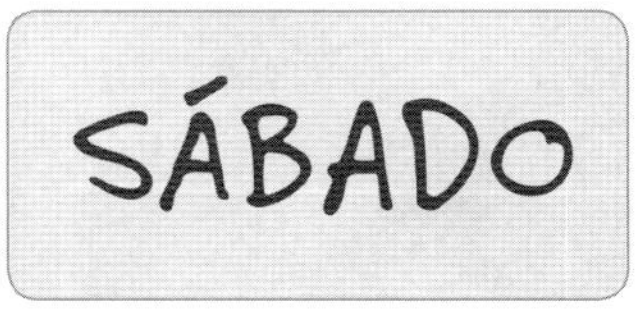

D)

5. ¿Qué es lo que le gusta hacer los martes?

A)

B)

C)

D)

TAREA 2

PRUEBA DE COMPRENSIÓN AUDITIVA

66 Instrucciones

*A continuación va a escuchar cinco mensajes muy breves. Oirá cada intervención dos veces. Relacione los textos con las imágenes. Después de la segunda audición marque la opción correcta en la **Hoja de respuestas**.*

*Hay **tres letras** que no debe seleccionar.*

Ejemplo: **Aviso 0**: Uy, el cielo está gris, coge el paraguas.

La opción correcta es la **A**. Márquela en la **Hoja de respuestas**.

0.	A	B	C	D	E	F	G	H	I
	■								

	TABLÓN 1	TABLÓN 2
	Aviso 0	A
6.	Aviso 1	
7.	Aviso 2	
8.	Aviso 3	
9.	Aviso 4	
10.	Aviso 5	

A)

B)

C)

D)

E)

F)

G)

H)

I)

TAREA 3

PRUEBA DE COMPRENSIÓN AUDITIVA

67 Instrucciones

Va a escuchar a varias personas hablando sobre diferentes cursos y clases a las que asisten. Cada audición se repite dos veces. Relacione cada clase con una letra (columna de la derecha). Hay ***tres letras*** *que no se pueden seleccionar.*

Marque las opciones elegidas en la ***Hoja de respuestas****.*

Ejemplo: **0.** Clase de español. Frase **D**: *Me gusta viajar por países hispanos.*

La opción correcta es la **D**.

0.	A	B	C	D	E	F	G	H	I	J	K	L	M
				■									

0.	Clase de español.	**D**
11.	Clase de yoga.	
12.	Curso de informática.	
13.	Educación Física.	
14.	Taller de teatro.	
15.	Curso de cine.	
16.	Natación.	
17.	Clase de griego.	
18.	Clase de matemáticas.	

A	Es muy relajante, me tranquiliza.	
B	Los lunes, miércoles y viernes.	
C	Hablo francés, inglés y alemán.	
D	Me gusta viajar por países hispanos.	
E	No soporto la tecnología.	
F	Estudio para trabajar.	
G	Aprender a tocar un instrumento.	
H	Dirige un teatro.	
I	Todas las tardes en el centro de la ciudad.	
J	A primera hora de la mañana y es horrible.	
K	Estudio lenguas clásicas y modernas.	
L	Yo soy principiante y me gusta mucho.	

TAREA 4

PRUEBA DE COMPRENSIÓN AUDITIVA

68 Instrucciones

Bibi es una chica que acaba de terminar la carrera y busca trabajo. Llama a una oficina de empleo y hace una descripción del trabajo que busca. Complete el texto con la información que falta. Va a escuchar la grabación tres veces.

Escriba cada palabra en la ***Hoja de respuestas****.*

Ejemplo: 0. Bibi tiene el título de **economía** y administración de empresa.

La respuesta correcta es: **economía**.

Busco trabajo

Tiene disponibilidad para............(19)............

Sabe mucho de Bolsa Internacional y............(20)............

Le gusta mucho............(21)............

También quiere............(22)............

Puede trabajar todos los días y los............(23)............

No sabe cómo es el trabajo en un............(24)............

Es una persona muy responsable y............(25)............

TAREA 1

PRUEBA DE EXPRESIÓN E INTERACCIÓN ESCRITAS

Usted tiene que rellenar un formulario para inscribirse en un curso de natación. Complételo con la información necesaria para poder formar parte del Centro Deportivo Náutico.

Centro Deportivo Náutico

Nombre:

Apellido/s:

Lugar de nacimiento:

Fecha de nacimiento:

Día Mes Año

Nacionalidad:

Teléfono:

Correo electrónico:

Pasaporte nº:

Dirección:

Calle: Número:

Ciudad:

País:

Nivel del curso: principiante ☐ perfeccionamiento ☐

Fecha de inicio:

Día Mes Año

Fecha de finalización:

Día Mes Año

Días del curso: Horario:

Certificado médico: ☐

Forma de pago: metálico ☐ tarjeta ☐

Motivos por los que quiere hacer el curso de natación:

¿Tiene alguna enfermedad? ☐

¿Cuál?

¿Es familia numerosa? ☐

¿Desea hacer algún otro curso? ¿Cuál?

Fecha y firma:

TAREA 2

PRUEBA DE EXPRESIÓN E INTERACCIÓN ESCRITAS

Usted quiere hacer un curso de teatro en una escuela de arte dramático con un famoso director. Para ser aceptada/o tiene que enviar un correo electrónico presentándose. En él debe:

- *saludar;*
- *presentarse, explicar cómo es usted físicamente;*
- *explicar cómo es de carácter;*
- *decir por qué le gusta el teatro y por qué quiere hacer este curso;*
- *despedirse.*

Número de palabras: entre 20 y 30.

PRUEBA DE EXPRESIÓN E INTERACCIÓN ORALES

TAREA 1

Esta tarea es la misma que la del examen 1, ver página 103.

TAREA 2

EXPOSICIÓN DE UN TEMA

Instrucciones

*Seleccione **tres** de las cinco opciones para hablar durante **2 ó 3 minutos**.*

Puede hablar de:
- ¿Qué hace?
- ¿A qué hora? ¿Qué día?
- ¿Dónde?

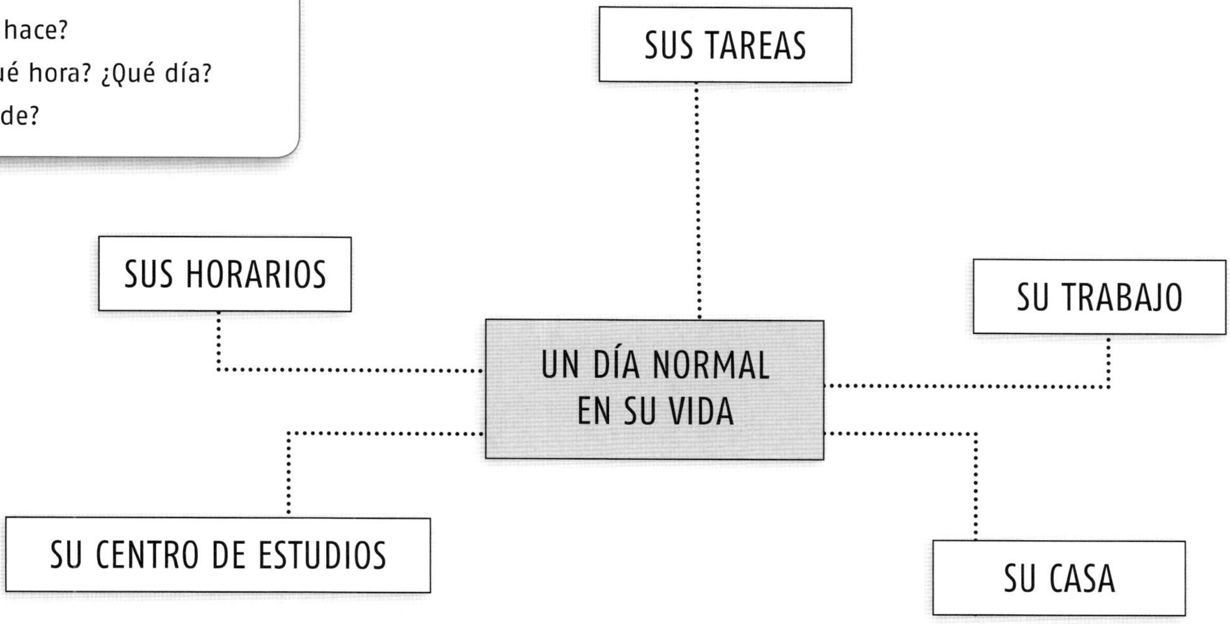

TAREA 3

CONVERSACIÓN CON EL ENTREVISTADOR

Instrucciones

*Va a tener una conversación con el Entrevistador sobre su presentación y sobre su exposición del tema. La conversación durará **3 minutos** aproximadamente.*

Posibles preguntas del Entrevistador:
- ¿Vive solo o con alguien?
- Cuando está en casa, ¿qué le gusta hacer? ¿En qué parte de la casa le gusta estar para relajarse? ¿Cómo es su casa?
- ¿Cómo es un día cotidiano en su vida?
- ¿Prefiere estar solo o con amigos? ¿Qué hace normalmente con sus amigos? ¿Quién es su mejor amigo? ¿Cómo es? ¿Qué le gusta de él?
- ¿Qué hace durante el fin de semana? ¿Le gusta salir fuera del lugar en el que vive o prefiere quedarse en casa? ¿Por qué?

TAREA 4

DIÁLOGOS BASADOS EN LÁMINAS

Instrucciones

Ver esquema de la página 104.

LÁMINA 1: El Entrevistador pregunta

LÁMINA 1: Usted responde

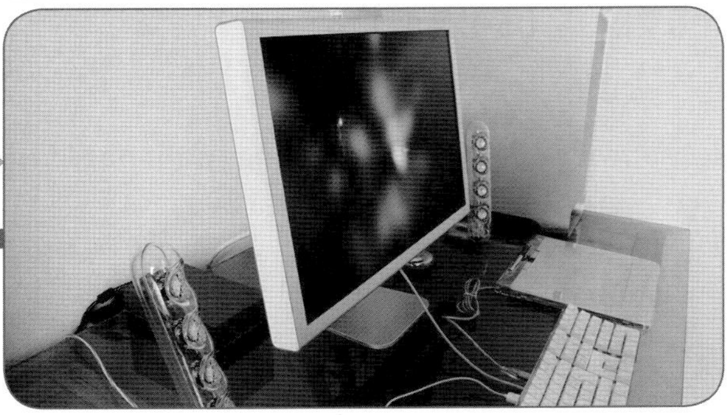

LÁMINA 2: El Entrevistador pregunta

LÁMINA 2: Usted responde

LÁMINA 3: El Entrevistador responde

LÁMINA 3: Usted pregunta

LÁMINA 4: El Entrevistador responde

LÁMINA 4: Usted pregunta

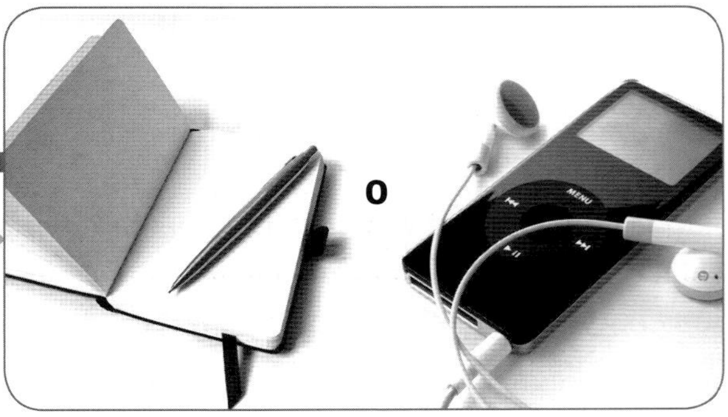

PRUEBA DE COMPRENSIÓN DE LECTURA

TAREA 1

Instrucciones

Lea este mensaje de correo electrónico. A continuación, responda a cinco preguntas sobre el texto. Elija la respuesta correcta (A, B, C o D).

*Marque las opciones elegidas en la **Hoja de respuestas**.*

¡Hola, chicos!

Os escribo desde Los Roques, las islas más maravillosas de Venezuela. Hemos llegado en avión desde Caracas a la isla principal, El Gran Roque, donde está nuestro hotelito para toda la semana que vamos a pasar aquí.

Esto es el paraíso: playas de arena blanca y agua templada y transparente. Hay unas 50 islas, pero nosotros vamos a visitar solo algunas, probablemente Francisquí y Crasquí. El paisaje es maravilloso, casi virgen, porque Los Roques son un parque natural y no está permitido construir mucho: no hay hoteles grandes, solo posadas pequeñas.

Mañana vamos a hacer windsurf y pasado mañana vamos a bucear. Tengo muchísimas ganas de ver tortugas, corales y peces exóticos. Esta noche vamos a cenar pescado, claro, porque aquí es muy bueno.

Un fuerte abrazo.

Carolina

Preguntas

1. Han llegado a El Gran Roque...

a) en barco desde Caracas.
b) en avión desde Francisquí.
c) en bote desde Francisquí.
d) en avión desde Caracas.

2. Van a estar en Los Roques...

a) tres días.
b) siete días.
c) quince días.
d) un mes.

3. Se alojan en...

a) el Gran Roque.
b) Francisquí.
c) Crasquí.
d) en los tres sitios.

4. Carolina tiene ganas de ver tortugas y peces exóticos. Por eso quiere...

a) hacer windsurf.
b) visitar otras islas.
c) bucear.
d) cenar langosta.

5. Esta noche van a cenar...

A)

B)

C)

D)

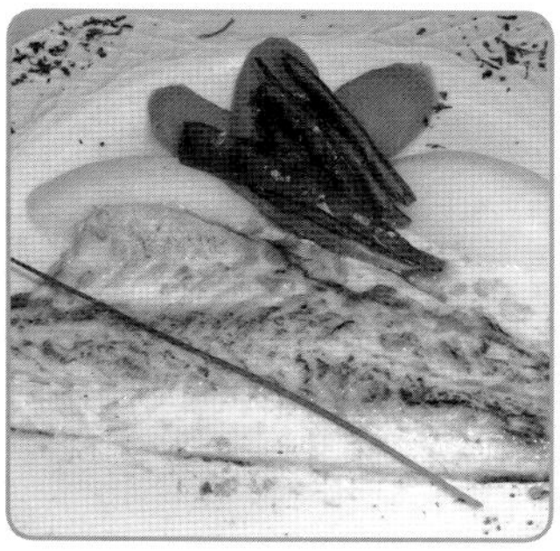

TAREA 2

PRUEBA DE COMPRENSIÓN DE LECTURA

Instrucciones

Lea estos diálogos y relacione cada uno con el lugar donde podría escucharlos. Hay ***tres diálogos*** *que no debe seleccionar.*

Marque las opciones elegidas en la ***Hoja de respuestas****.*

Ejemplo: Lugar 0: En un bar.

La opción correcta es la **A**. Márquela en la **Hoja de respuestas**.

0.	A	B	C	D	E	F	G	H	I	J
	■									

A
- Buenos días, ¿qué va a tomar?
- Un café con leche, por favor.

B
- ¿Cuánto cuestan las manzanas?
- 2,99 el kilo.
- Pues quiero medio kilo, por favor.

C
- Buenas tardes, quería un billete de ida y vuelta a Bilbao, por favor.
- ¿Para qué días?
- La ida el 30 de junio y la vuelta el 4 de julio.
- Pues son 50 euros.

J
- Buenas tardes, ¿puedo ayudarle?
- Sí, esta noche quiero ir al teatro, pero no sé qué puedo ver. ¿Tiene una guía cultural de la ciudad?
- Sí, mire, en la guía del ocio puede ver la agenda cultural para esta semana.

D
- Por favor, ¿me puede decir dónde está la estación de metro más cercana?
- Sí, es la de Tirso de Molina. Tiene que seguir por esta calle hasta la plaza. Allí está el metro.
- Muchas gracias.

I
- Hola, ¿tienen biquinis?
- Sí, al fondo, en la sección de baño.
- Gracias.

E
- Buenos días, quiero cambiar 100 euros en dólares, por favor.
- Muy bien, ahora mismo.

H
- Buenas noches. Tengo una reserva a nombre de López Medina.
- A ver... sí, una habitación individual, ¿verdad?
- Exacto.

G
- De deberes, vais a hacer los ejercicios 7 y 9 de la página 54.
- ¿Y el 8 no?

F
- ¿Qué le pasa?
- Me duele mucho la cabeza y creo que tengo fiebre.

LUGAR	DIÁLOGOS
0. En un bar.	A
6. En la oficina de información turística.	
7. En la clase de español.	
8. En la calle.	
9. En el mercado.	
10. En un hotel.	
11. En la estación de tren.	

TAREA 3

PRUEBA DE COMPRENSIÓN DE LECTURA

Instrucciones

Lea estas notas y relaciónelas con la frase que corresponde. Hay ***tres notas*** *que no debe seleccionar. Marque las opciones escogidas en la* ***Hoja de respuestas****.*

Ejemplo: **0.** Persona responsable y con experiencia se ofrece para limpiar casas por las mañanas.

La opción correcta es la **A**. Márquela en la **Hoja de respuestas**.

0.	A	B	C	D	E	F	G	H	I	J
	■									

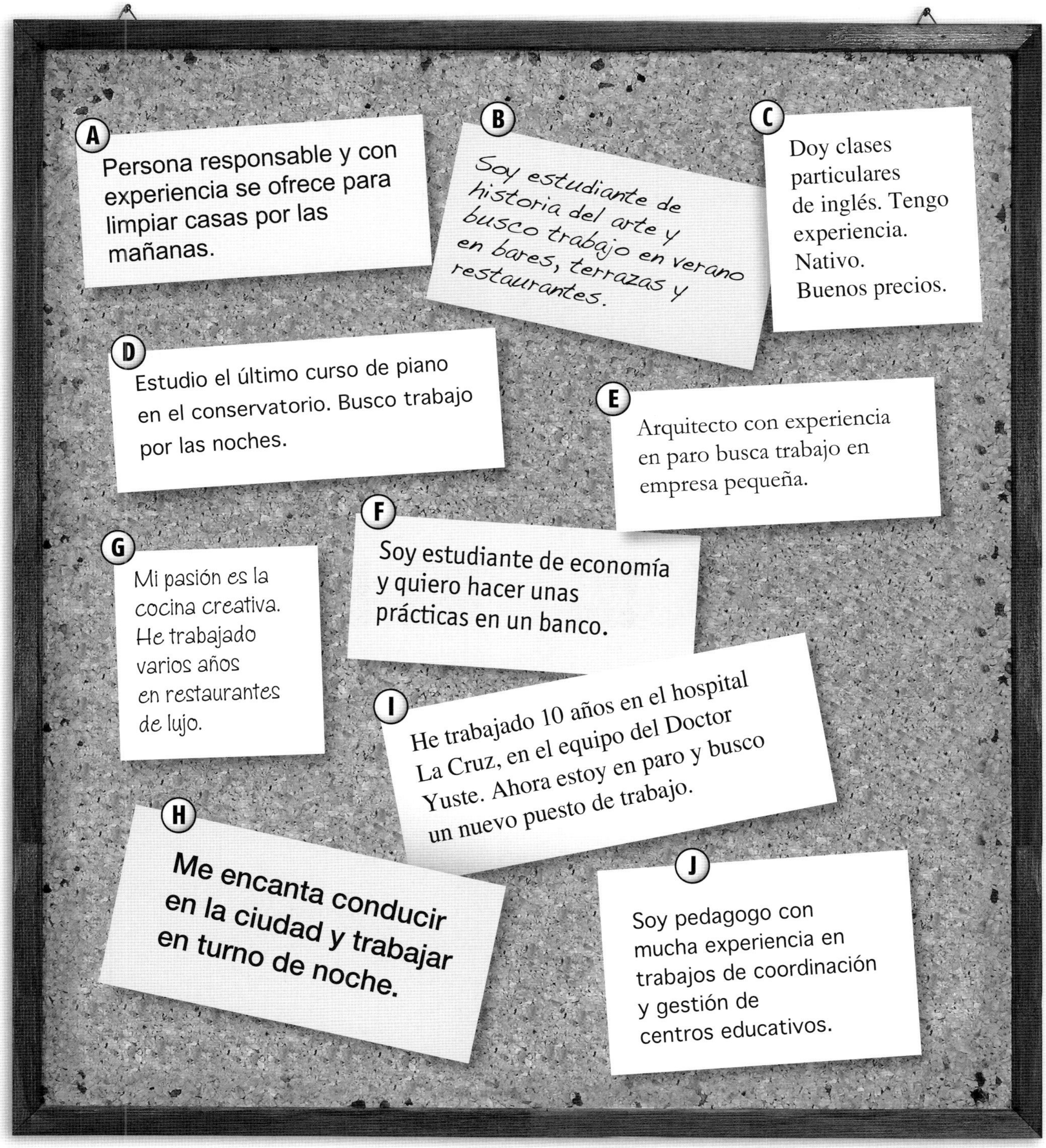

0. Vivo solo y trabajo doce horas al día. No tengo tiempo para limpiar mi casa.	**A**
12. Vendo taxi con licencia. Horario: de 22:00 h a 6:00 h. Día libre: sábado.	
13. Tengo examen de inglés en septiembre y necesito un profesor con el que hablar mucho en inglés.	
14. Restaurante moderno busca cocinero dinámico y original.	
15. Puedo dar clases de música a las 22 h.	
16. El colegio Antonio Machado busca nuevo director a partir de septiembre.	
17. El bar La Noche busca personal para los meses de julio y agosto.	
18. El Banco de Cantabria ofrece dos puestos de prácticas en la sección de créditos e hipotecas.	

TAREA 4

PRUEBA DE COMPRENSIÓN DE LECTURA

Instrucciones

Fíjese en la carta de este restaurante y complete las oraciones que aparecen a continuación con la información del texto.

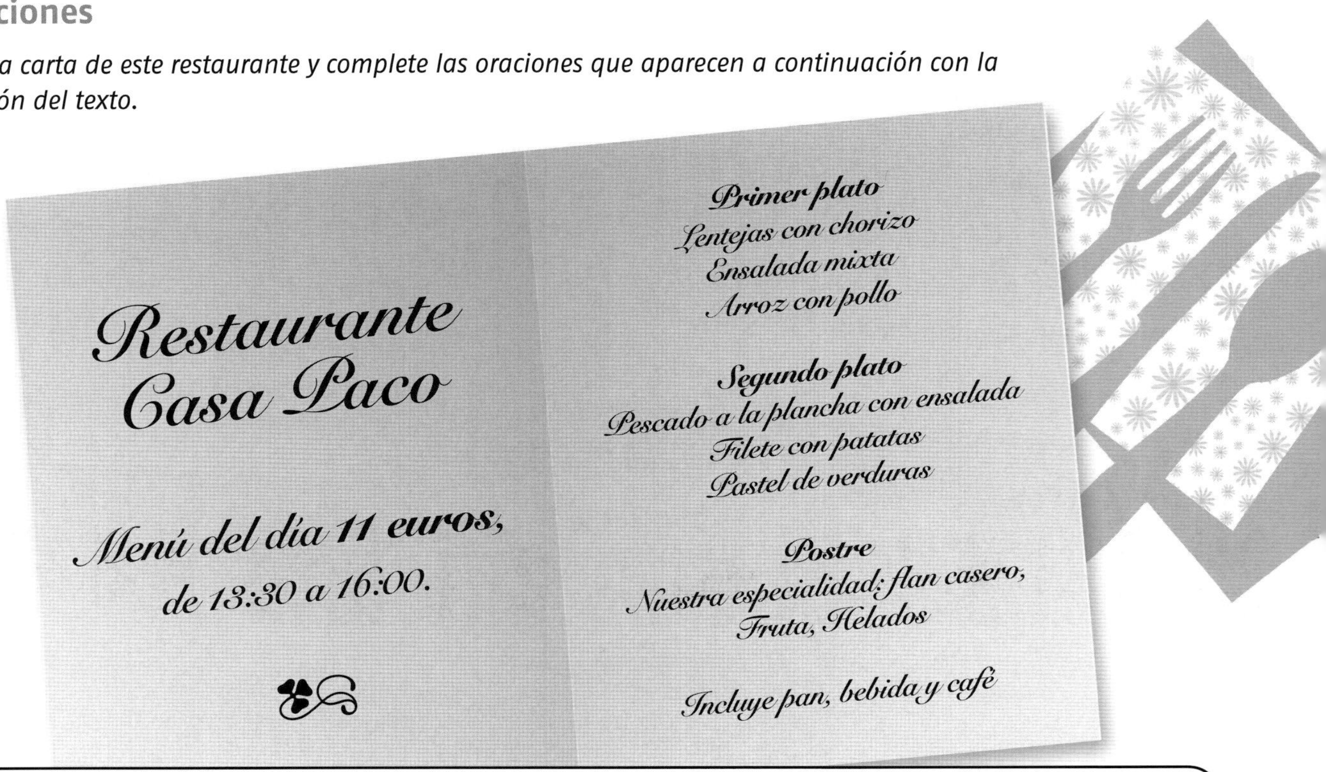

- **¿Cuál es el entrante vegetariano?** ....(19)..............................
- **Si quieres comer carne de segundo, debes pedir** ....(20)..............................
- **Puedes comer de las** ....(21).............. a las ....(22)..............
- **¿Con qué se come el filete?** Con ....(23)..............................
- **El menú del día cuesta** ....(24)..............................
- **La especialidad de la casa es** ....(25)..............................

PRUEBA DE COMPRENSIÓN AUDITIVA

TAREA 1

69 Instrucciones

A continuación va a escuchar ***cinco diálogos*** *breves entre dos personas. Va a escuchar cada diálogo dos veces. Después de la segunda audición, marque la opción correcta (A, B, C o D).*

Ejemplo: **o.** ¿A qué hora van al cine?

La opción correcta es la **A**. Márquela en la **Hoja de respuestas**.

o.	A	B	C	D
	■			

a)

b)

c)

d)

1. ¿Qué hace el sábado por la noche?

A)

B)

C)

D)

2. ¿Dónde va a pasar las vacaciones?

A)

B)

C)

D)

3. ¿Qué ropa compra?

A)

B)

C)

D)

4. ¿Qué quiere comer?

A)

B)

C)

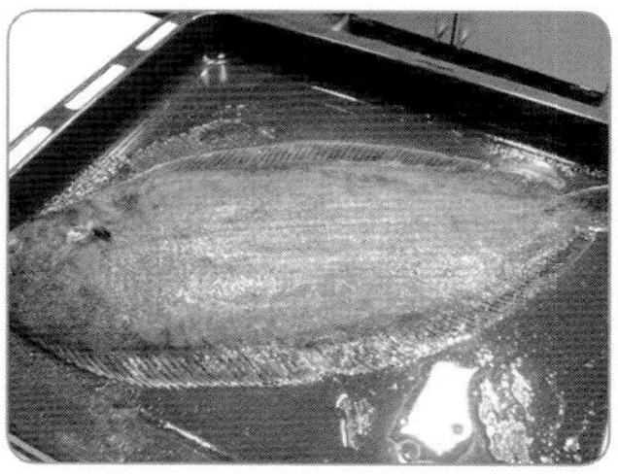

D)

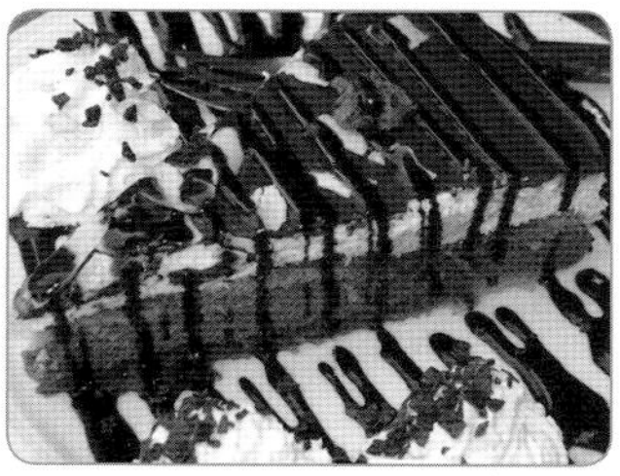

5. ¿Cómo va al trabajo?

A)

B)

C)

D)

TAREA 2

PRUEBA DE COMPRENSIÓN AUDITIVA

70 Instrucciones

A continuación escuchará cinco mensajes muy breves. Oirá cada intervención dos veces. Relacione los textos con las imágenes. Después de la segunda audición marque la opción correcta en la ***Hoja de respuestas****.*

Hay ***tres imágenes*** *que no debe seleccionar.*

Ejemplo: Mensaje 0: ¿Qué precio tienen las patatas?

La opción correcta es la **B**. Márquela en la **Hoja de respuestas**.

0.	A	B	C	D	E	F	G	H	I	J	K	L	M
		■											

A)

B)

C)

D)

E)

F)

G)

H)

TABLÓN 1	TABLÓN 2
Mensaje 0	B
6. Mensaje 1	
7. Mensaje 2	
8. Mensaje 3	
9. Mensaje 4	
10. Mensaje 5	

TAREA 3

PRUEBA DE COMPRENSIÓN AUDITIVA

71 Instrucciones

Va a escuchar a Marcos hablando sobre los miembros de su familia. Cada audición se repite dos veces. Relacione cada persona con una letra (columna de la derecha).

*Hay **tres letras** que no se pueden seleccionar.*

*Marque las opciones elegidas en la **Hoja de respuestas**.*

Ejemplo: Marcos dice: Este es Pablo, mi hermano pequeño. Tiene 15 años.

La opción correcta es la **C**.

0.	A	B	C	D	E	F	G	H	I	J	K	L	M
			■										

0.	Pablo.	C
11.	Amalia.	
12.	Su abuelo Alfredo.	
13.	Nachito.	
14.	Su madre.	
15.	Carlos.	
16.	Su abuela, la madre de su padre.	
17.	Javier.	
18.	Isabel.	

A	La mujer de la chaqueta blanca.
B	La mujer del vestido rojo.
C	Su hermano pequeño.
D	El marido de su hermana, su cuñado.
E	Su padre.
F	Su tía, la hermana mayor de su madre.
G	El marido de Amalia.
H	Su tío Ignacio, hermano de su padre.
I	El señor de gafas y pelo blanco.
J	La novia de su hermano.
K	Su sobrino Juan, hijo de Pablo.
L	el hijo de su hermana Laura.

TAREA 4

PRUEBA DE COMPRENSIÓN AUDITIVA

72 Instrucciones

Laura ha empezado a salir con Martín y le cuenta a una amiga cómo es. Complete el texto con la información que falta. Va a escuchar la grabación tres veces.

*Escriba cada palabra en la **Hoja de respuestas**.*

Ejemplo: **0.** Martín tiene 27 años.

19. Tiene el pelo ....

20. Sus ojos son ....

21. Lleva ....

22. Le gusta mucho ....

23. En cuanto a su carácter, es muy ....

24. Trabaja en un .... regional.

25. Vive en un piso con otros ....

PRUEBA DE EXPRESIÓN E INTERACCIÓN ESCRITAS

TAREA 1

www.alquilamos.dif es una web para alquilar y comprar pisos. Usted está buscando piso y quiere poner un anuncio. Complete el formulario con la información necesaria.

alquilamos

FORMULARIO

Desea: alquilar ☐
comprar ☐

Tipo de vivienda que desea:

Zona: Tamaño aproximado: Número de habitaciones:

Precio aproximado de alquiler mensual/Precio aproximado de la vivienda:

Otras observaciones:

ENVIAR

TAREA 2

Quiere participar en el foro "El lugar más bello del mundo". Escriba una intervención en la que debe:
- *decir cuál es en su opinión el lugar más bonito del mundo;*
- *explicar por qué;*
- *describir el lugar.*

Número de palabras: entre 20 y 30.

PRUEBA DE EXPRESIÓN E INTERACCIÓN ORALES

TAREA 1

Esta tarea es la misma que la del examen 1, ver página 103.

TAREA 2

EXPOSICIÓN DE UN TEMA

Instrucciones

Seleccione ***tres*** *de estas cinco opciones para hablar durante* ***2 ó 3 minutos****.*

Puede hablar de:
- ¿Qué hace?
- ¿A qué hora? ¿Qué día?
- ¿Dónde?

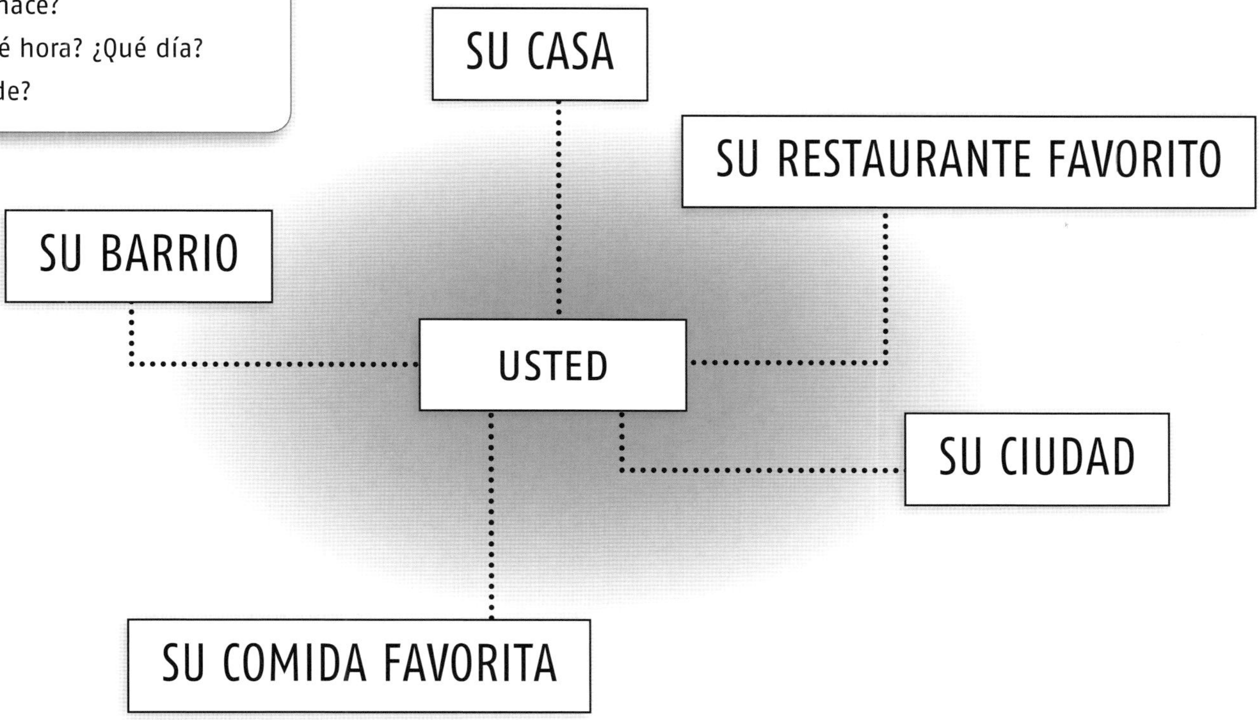

TAREA 3

CONVERSACIÓN CON EL ENTREVISTADOR

Instrucciones

Va a tener una conversación con el Entrevistador sobre su presentación y sobre su exposición del tema.
La conversación durará ***3 minutos*** *aproximadamente.*

Posibles preguntas del Entrevistador:
- ¿Me puede describir su casa? ¿Cuántas habitaciones tiene? ¿Cómo es su habitación?
- ¿Vive solo?
- Cuando no está en casa, ¿dónde suele estar?
- ¿Vive lejos del lugar donde aprende español? ¿Cómo va a su casa?
- ¿Qué es lo que más le gusta de su ciudad? ¿Y lo que menos? ¿Por qué?

TAREA 4

PRUEBA DE EXPRESIÓN E INTERACCIÓN ORALES

DIÁLOGOS BASADOS EN LÁMINAS

Instrucciones

Ver esquema de la página 104.

LÁMINA 1: El Entrevistador pregunta

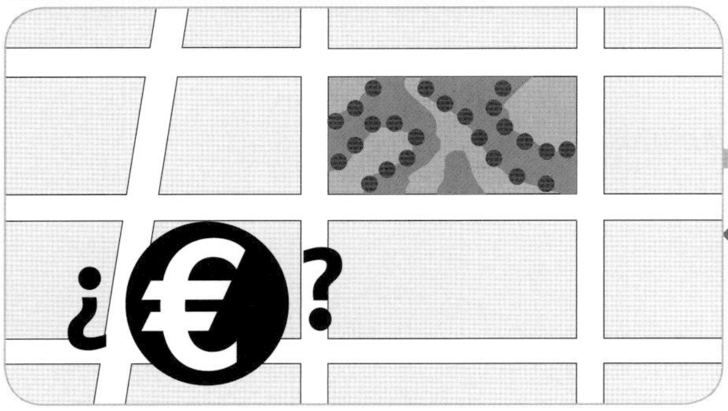

LÁMINA 1: Usted responde

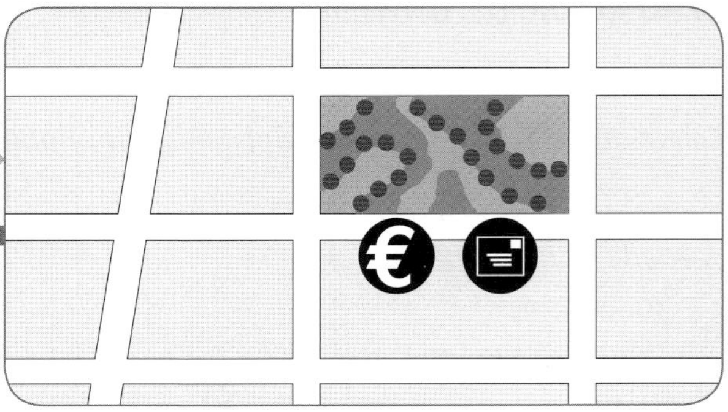

LÁMINA 2: El Entrevistador pregunta

LÁMINA 2: Usted responde

LÁMINA 3: El Entrevistador responde

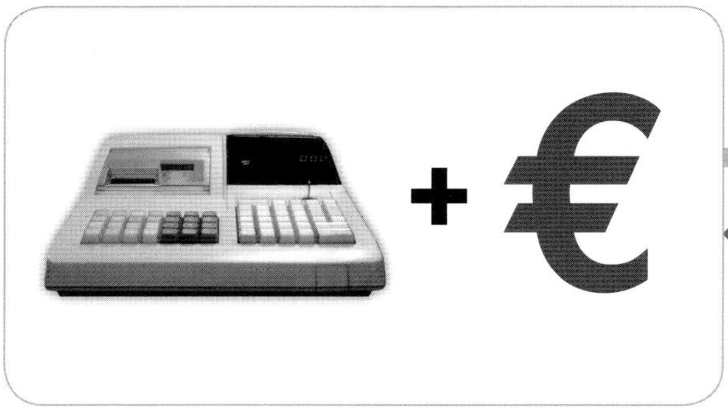

LÁMINA 3: Usted pregunta

LÁMINA 4: El Entrevistador responde

LÁMINA 4: Usted pregunta

PRUEBA DE COMPRENSIÓN DE LECTURA

TAREA 1

Instrucciones

Lea este mensaje que Cristina deja a sus padres. A continuación, responda a cinco preguntas sobre el texto. Elija la respuesta correcta (A, B, C o D).

*Marque las opciones elegidas en la **Hoja de respuestas**.*

Hola mamá y papá,

pero... ¿dónde estáis? Bueno... Como ya sabéis este fin de semana lo voy a pasar en la playa, en Calpe, con María, pero son las cinco de la tarde y no estáis en casa y me tengo que ir ya. María quiere pasar primero por un pueblo muy bonito que hay cerca de Calpe para hablar con una amiga suya, Isabel. Creo que Isabel quiere venirse con nosotras.

Bueno, dejo las llaves del coche encima de la mesa porque papá necesita utilizarlo.

Mamá, cojo tus gafas de sol porque las mías no las encuentro, no pasa nada ¿verdad?

Creo que me voy a divertir mucho este fin de semana y voy a conocer a mucha gente.

Si queréis llamarme, no hay problema, me llevo el móvil.

Un beso y buen fin de semana a vosotros también.

Cristina.

Pd: ¡Ah! No vuelvo el domingo, nos quedamos un día más en la playa. Vuelvo el lunes porque hay menos tráfico.

Preguntas

1. Cristina escribe esta nota a sus padres porque...
- a) no sabe dónde están.
- b) se va a pasar el fin de semana fuera y quiere avisarles.
- c) son las cinco de la tarde.
- d) su padre quiere las llaves del coche.

2. María quiere...
- a) escribir un sms a una amiga suya esta tarde.
- b) visitar un pueblo muy bonito que está cerca de Calpe.
- c) irse a las cinco en punto de la tarde.
- d) ir al pueblo de Isabel para hablar con ella.

3. Cristina...
- a) deja las llaves del coche en su habitación.
- b) no tiene gafas de sol.
- c) no sabe dónde están sus gafas de sol.
- d) coge las llaves del coche.

4. Cristina cree que...
- a) su móvil no funciona.
- b) sus padres la van a llamar.
- c) el fin de semana va a ser muy divertido.
- d) no hay mucha gente en la playa.

5. Las chicas vuelven el lunes de la playa porque el domingo...

A)

B)

C)

D)

TAREA 2

PRUEBA DE COMPRENSIÓN DE LECTURA

Instrucciones

Lea los siguientes textos y relacione cada uno con el lugar donde puede leerlos.
Hay tres textos que no debe seleccionar.

Marque las opciones elegidas en la ***Hoja de respuestas****.*

Ejemplo: *En un lugar de la Mancha, de cuyo nombre no quiero acordarme...*

Lugar 0: en un libro de literatura.

La opción correcta es la **A.** Márquela en la **Hoja de respuestas**.

0.	A	B	C	D	E	F	G	H	I
	■								

A En un lugar de la Mancha, de cuyo nombre no quiero acordarme...

B ¿Quieres hacer ciclismo en la montaña? Tenemos muchas actividades al aire libre.

C Las ciencias naturales estudian y comprenden todos los fenómenos que se realizan dentro de la naturaleza sin la intervención del ser humano.

D Empieza el Ciclo de conciertos en el Parque del Retiro. Hoy concierto de música clásica.

E Nuestra oferta del día son las naranjas. 1kg a 0'20 céntimos de euro.

F "Terminan las vacaciones". 1 millón de españoles vuelven a casa. La policía de tráfico en todas las carreteras.

G La Habana por solo 600 euros. Viaje y alojamiento en hoteles de tres estrellas.

H Quiero el pelo corto y también un poco de color.

I Doctor, no sé qué me pasa pero tengo dolor de cabeza.

J Mover la botella en primer lugar y después abrirla con mucho cuidado.

0.	En un libro de literatura.	A
6.	En la cartelera cultural.	
7.	En el periódico.	
8.	En la publicidad del supermercado.	
9.	En una página web de deportes.	
10.	En una revista de viajes.	
11.	En una hoja de instrucciones.	

TAREA 3

PRUEBA DE COMPRENSIÓN DE LECTURA

Instrucciones

Lea la siguiente programación cultural y relacione cada información con la frase que corresponde.
Hay tres anuncios que no debes seleccionar.

Marque las opciones escogidas en la ***Hoja de respuestas****.*

Ejemplo: **0.** Queremos escuchar música clásica pero no sabemos dónde ir.

La opción correcta es la **A.** Márquela en la **Hoja de respuestas**.

0.	A	B	C	D	E	F	G	H	I	J
	■									

A. Auditórium
Festival de Música de Canarias abre su programación de ópera con el estreno de Henry Clifford, de Isaac Albéniz. José de Eusebio dirige a la orquesta grancanaria el viernes por la noche en el auditorio Alfredo Kraus.

B. Cine
Esta es la historia de Andrés Asencio y Catalina Guzmán, de su relación amorosa, de las relaciones y el poder entre hombres y mujeres. Es la historia de una mujer que busca la libertad en el México machista de 1930.

C. Concierto en un pub
Libertad 8 es el pub donde muchos cantautores se encuentran y empiezan sus carreras. Puedes escuchar a grandes cantantes como Jorge Drexler, Pedro Guerra o Ismael Serrano.

D. Exposición de pintura
(Sorolla. 1863-1923). El Museo del Prado dedica a Joaquín Sorolla la mayor exposición de los últimos cuarenta años.
Hasta el 6 de septiembre desde las 9 h hasta las 20 h.

E. Circo
Payasos, domadores y muchos animales diferentes... los niños más pequeños van a reír y soñar con este gran espectáculo.

F. Teatro
Don Juan, el Burlador de Sevilla de Tirso de Molina
Viernes 10. 20,30h.
Sábado 11. 21,00h.
Precios: 12, 18 y 25 euros.
Don Juan es la conquista del amor. Una nueva versión del clásico español.

G. Campo de Fútbol
Gran encuentro de campeones de liga el Athletic Club de Bilbao se enfrenta al Sevilla en un partido que va a dar la copa al vencedor. A las cinco en el estadio San Mamés.

H. Exposición de fotografías
El fotógrafo italo-argentino Alberto Giuliani nos sorprende esta vez con sus mejores imágenes de la Patagonia argentina. Más de cien fotografías inspiradas en la naturaleza.

I. Tenis
La final más esperada ya está aquí. Rafael Nadal contra Roger Federer. El próximo viernes en directo desde París.

J. Espectáculo de flamenco
De jueves 17/06/2010 a domingo 08/08/2009. De la mano de Sara Lezana y Luciano Ruiz, el Ballet Flamenco de Madrid, presenta el clásico de Bizet, *Carmen* en una versión fascinante.

0.	A
12.	
13.	
14.	
15.	
16.	
17.	

TAREA 4

PRUEBA DE COMPRENSIÓN DE LECTURA

Instrucciones

Fíjese en la descripción de los siguientes libros y complete las oraciones que aparecen a continuación con la información del texto.

Ejemplo: El material de aprender a pintar es muy divertido.

CIENCIAS DE HOY	DON QUIJOTE DE LA MANCHA	DIETA SANA	APRENDER A PINTAR	COCINAS DEL MUNDO
Con esta enciclopedia tus hijos van a saber todo sobre el mundo animal y vegetal. Pero también tú, papá o mamá, puedes aprender muchas cosas. Muy actual. CD-rom incluido.	Nueva edición del libro más famoso de la literatura española. Con una guía del vocabulario más complejo del texto pensado para jóvenes estudiantes.	¿Quieres perder peso en pocos días? ¿Quieres comer bien? ¿No quieres hacer deporte para sentirte mejor? La guía de la dieta sana te va a ayudar a tener un cuerpo sano y ligero.	Tus hijos empiezan el colegio y también a pintar. Este material es muy divertido y educativo. Libro con imágenes. Pinturas de colores: rojo, verde, azul y amarillo.	Todos los platos más importantes de cada país: paella, pasta, sopas, etc. Aprender a cocinar ya no es un problema. DVD incluido.
Precio: 200 euros.	**Precio:** 55 euros.	**Precio:** 27 euros.	**Precio:** 34 euros.	**Precio:** 120 euros.
Información y venta: *Tlf. 965 533 231 De 9 h a 13 h.*	**Información y venta:** *solo en librerías.*	**Información y venta:** *www.dietasana.dif*	**Información y venta:** *en tu quiosco.*	**Información y venta:** *receta@cocina.es*

- ★ *El libro más caro cuesta* ....(18)..................................
- ★ *El libro más famosos de la literatura española se titula* ....(19)........... ....
- ★ *Ciencias de hoy es un libro muy* ....(20)..................................
- ★ *Para comprar el libro de recetas tienes que escribir un* ....(21)..............................
- ★ *El libro para niños está pensado para aprender a* ....(22)..................................
- ★ *La enciclopedia se vende por* ....(23)..................................
- ★ *Dieta sana es para personas que no quieren hacer* ....(24)..............................
- ★ *Cocinas del mundo incluye un* ....(25)..................................

PRUEBA DE COMPRENSIÓN AUDITIVA

TAREA 1

73 Instrucciones

A continuación va a escuchar ***cinco diálogos*** *breves entre dos personas. Va a escuchar cada diálogo dos veces. Después de la segunda audición, marque la opción correcta (A, B, C o D) en la* ***Hoja de respuestas****.*

Ejemplo: **0.** ¿Qué hace mañana?

a)

b)

c)

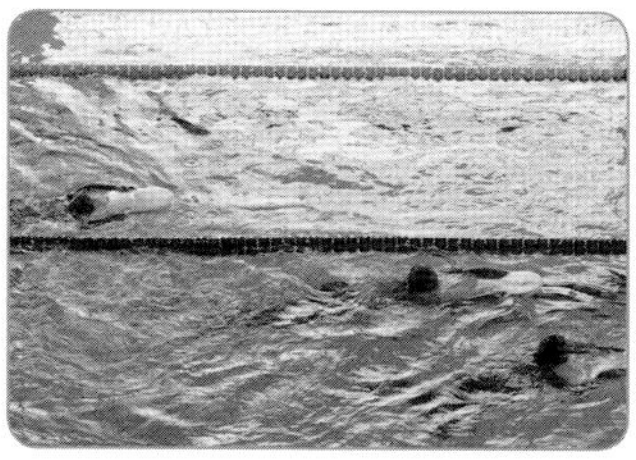

d)

La opción correcta es la **D**. Márquela en la **Hoja de respuestas**.

0.	A	B	C	D
				■

1. ¿Quién es su mejor amigo?

A)

B)

C)

D)

2. ¿Dónde vive?

A)

B)

C)

D)

3. ¿Qué ponen esta noche en la tele?

A)

B)

C)

D)

4. ¿Qué es especial en la fiesta de Tino?

A)

B)

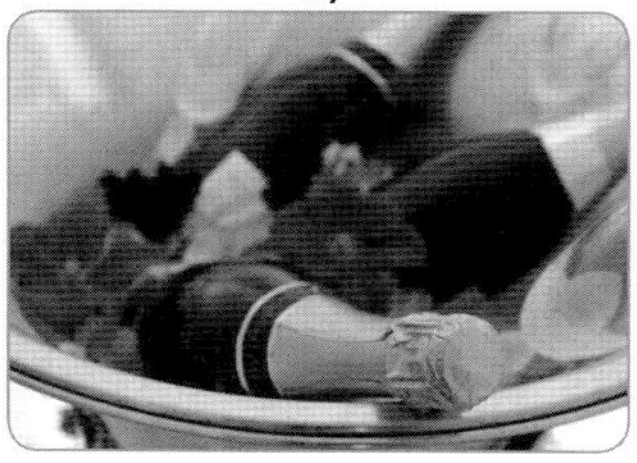

C)

D)

5. ¿En qué trabaja esta persona?

A)

B)

C)

D)

TAREA 2

PRUEBA DE COMPRENSIÓN AUDITIVA

74 Instrucciones

A continuación va a escuchar cinco mensajes muy breves. Oirá cada intervención dos veces. Relacione los textos con las imágenes. Después de la segunda audición marque la opción correcta en la ***Hoja de respuestas****.*

Hay ***tres letras*** *que no debe seleccionar.*

Ejemplo: Mensaje 0: No me gustar ir a la playa cuando hay mucha gente, quiero ir el lunes que no hay casi nadie.

La opción correcta es la **I**. Márquela en la **Hoja de respuestas**.

0.	A	B	C	D	E	F	G	H	I
									■

	TABLÓN 1	TABLÓN 2
	Mensaje 0	I
6.	Mensaje 1	
7.	Mensaje 2	
8.	Mensaje 3	
9.	Mensaje 4	
10.	Mensaje 5	

A)

B)

C)

D)

E)

F)

G)

H)

I)

TAREA 3

RUEBA DE COMPRENSIÓN AUDITIVA

75 Instrucciones

Va a escuchar a Sara y Liliana hablando de diferentes personas del entorno de Sara: amigos, familia, compañeros, etc. Cada audición se repite dos veces. Relacione cada persona con una letra (columna de la derecha).

Hay ***tres letras*** *que no debe seleccionar.*

Marque las opciones elegidas en la ***Hoja de respuestas****.*

Ejemplo: **0.** Sara le dice a Liliana: Mira en esta foto estoy con Gabriel, mi compañero de clase del Instituto. Aquí tenemos 16 años. Ahora 25.

La opción correcta es la **J**.

0.	A	B	C	D	E	F	G	H	I	J	K	L	M
										■			

0 Gabriel	J
11 Roberto	
12 Raúl	
13 Claudia	
14 Emilia	
15 Patrizio	
16 Gael García Bernal	
17 Laia	
18 Don Javier	

A es el padre de Rita.	
B es el compañero de trabajo de Sara.	
C es un actor mexicano muy famoso.	
D es una compañera de trabajo.	
E es el novio de Sara.	
F es una amiga de Sara muy simpática.	
G es la vecina de Sara.	
H es su profesor de matemáticas.	
I es su psicóloga y también amiga.	
J es compañero del Instituto.	
K es un amigo italiano.	
L es un chico que no conoce.	

TAREA 4

PRUEBA DE COMPRENSIÓN AUDITIVA

76 Instrucciones

El programa de radio Actualidad hoy *habla sobre los jóvenes españoles.*
Complete el texto con la información que falta. Va a escuchar la grabación ***tres veces****.*

Escriba cada palabra en la ***Hoja de respuestas****.*

Ejemplo: **0.** En España hay diez millones de jóvenes.

La respuesta correcta es: diez millones / 10 millones.

LOS JÓVENES DE 2010

- La mayoría vive en ....(19) de los padres.
- Les gusta ....(20) de fiesta por la noche.
- Usan el ....(21) móvil para llamar y para escribir ....(22) cortos.
- Tienen ....(23) horas para su ocio.
- A las chicas les encanta ir de ....(24) y a los chicos hacer ....(25).

PRUEBA DE EXPRESIÓN E INTERACCIÓN ESCRITAS

TAREA 1

En internet se ha creado una nueva página de red social que se llama Todosamigos.
Complete el formulario con la información necesaria para poder formar parte de esta red social.

www.todosamigos.dif

ta todos-amigos.dif

Nombre:

Edad: Sexo:

Correo electrónico:

Ciudad: País:

Hobbies / aficiones:

Número de horas que te conectas a internet: Horario en el que te conectas:

¿Por qué quieres entrar en esta red?:

¿A quién quieres conocer?:

TAREA 2

PRUEBA DE EXPRESIÓN E INTERACCIÓN ESCRITAS

Quiere regalar un libro pero no sabe a quién. Ponga un anuncio en una página web. En el anuncio debe:
- *decir de qué libro se trata;*
- *explicar por qué lo regala;*
- *dar un teléfono o dirección de contacto.*

Número de palabras: entre 20 y 30.

PRUEBA DE EXPRESIÓN E INTERACCIÓN ORALES

TAREA 1

Esta tarea es la misma que la del examen 1, ver página 103.

TAREA 2

EXPOSICIÓN DE UN TEMA

Instrucciones

*Seleccione **tres** de las cinco opciones para hablar durante **2 ó 3 minutos**.*

Puede hablar de:
- ¿Qué hace?
- ¿Dónde? ¿Cuándo?
- ¿Con quién?

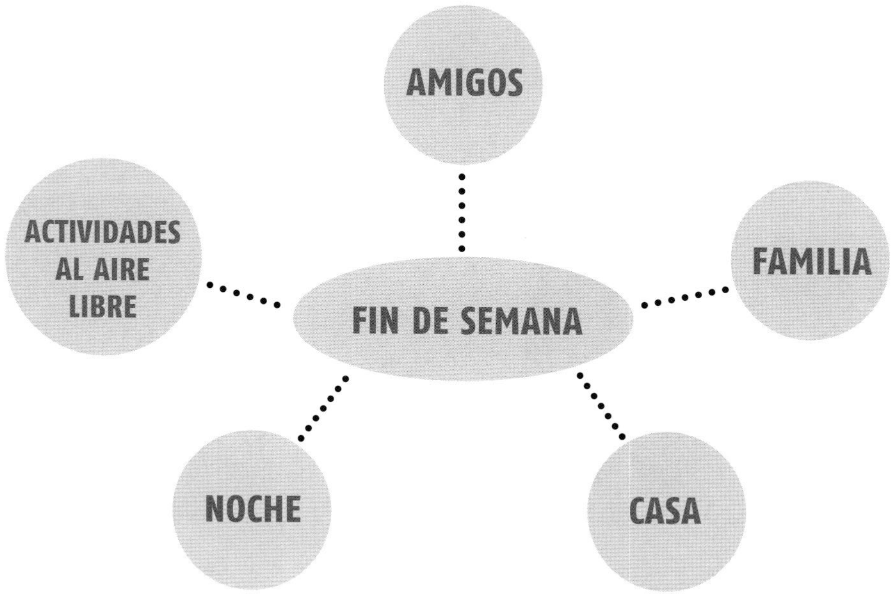

TAREA 3

CONVERSACIÓN CON EL ENTREVISTADOR

Instrucciones

*Va a tener una conversación con el Entrevistador sobre su presentación y sobre su exposición del tema. La conversación durará **3 minutos** aproximadamente.*

Posibles preguntas del Entrevistador:
- ¿Cuándo tiene tiempo libre?
- ¿Le gusta hacer algún tipo de actividad al aire libre? ¿Con quién le gusta pasar este tiempo?
- ¿Cómo pasa su tiempo libre si está en casa?
- ¿Le gusta ver la televisión? ¿Qué es lo que más le gusta de la televisión? ¿Y lo que menos? ¿Por qué?
- ¿Le gusta salir por la noche? ¿Qué le gusta hacer?
- ¿Cómo se divierten los jóvenes en su ciudad?

TAREA 4

PRUEBA DE EXPRESIÓN E INTERACCIÓN ORALES

DIÁLOGOS BASADOS EN LÁMINAS

Instrucciones

Ver esquema de la página 104.

LÁMINA 1: El Entrevistador pregunta

LÁMINA 1: Usted responde

LÁMINA 2: El Entrevistador pregunta

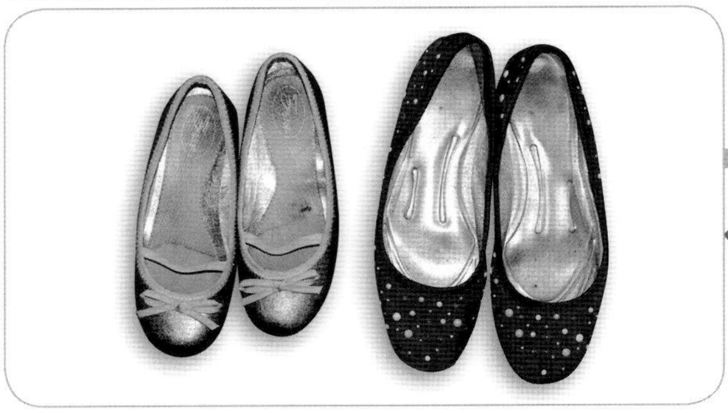

LÁMINA 2: Usted responde

LÁMINA 3: El Entrevistador responde

LÁMINA 3: Usted pregunta

LÁMINA 4: El Entrevistador responde

LÁMINA 4: Usted pregunta

PRUEBA DE COMPRENSIÓN DE LECTURA

TAREA 1

Instrucciones

*Lea este correo electrónico. A continuación, responda a 5 preguntas sobre el texto. Elija la respuesta correcta (A, B, C o D). Marque las opciones elegidas en la **Hoja de respuestas**.*

0.	A	B	C	D
	■			

Queridos Valeria y Jorge:

Os escribimos desde nuestra nueva casa, por fin. Estamos muy contentos porque es muy bonita, la verdad, y está en una zona muy tranquila. Ya sé que es otra ciudad y que ahora no estáis muy cerca, pero en coche, en una hora, estáis aquí. Además, en nuestra casa hay espacio para todos. Tiene dos plantas. En la primera está la cocina y hay un salón con vistas al jardín. En la segunda, hay cuatro habitaciones y ahora solo necesitamos dos, una para nosotros y otra para el niño.
Este fin de semana queremos celebrar con vosotros que ya estamos aquí. Hace buen tiempo ahora, por eso el sábado vamos a hacer una barbacoa en el jardín. Por la tarde podemos hacer deporte, si queréis. Nuestra casa está cerca de unas instalaciones deportivas. Nosotros vamos allí todos los fines de semana a jugar al tenis. El domingo por la mañana podemos ir a la montaña con los niños, que está a cinco minutos de casa. Os gusta la idea, ¿verdad?
Pues os esperamos el sábado. No olvidéis traeros un jersey porque por la noche hace frío, ¿vale?

Besos.
Celia y Eduardo
P.D. Os enviamos un plano con las indicaciones de cómo llegar hasta aquí.

Preguntas

Elija la respuesta correcta:

1. En este correo Celia y Eduardo invitan a unos amigos...
a) para celebrar un cumpleaños.
b) porque tienen una nueva casa.
c) porque están tristes.
d) para verlos porque están lejos.

2. La casa de Celia y Eduardo...
a) es pequeña, pero tranquila.
b) está cerca de donde viven sus amigos.
c) tiene más de dos habitaciones.
d) tiene una pista de tenis.

3. El texto dice que los fines de semana Celia y Eduardo...
a) juegan al tenis.
b) hacen una barbacoa.
c) van a la montaña.
d) juegan con su hijo.

4. Celia y Eduardo envían a sus amigos un plano con información de...
a) la ciudad donde viven ahora.
b) la casa.
c) las instalaciones deportivas.
d) la manera de ir a su casa.

5. Sus amigos tienen que llevar...

A)

B)

C)
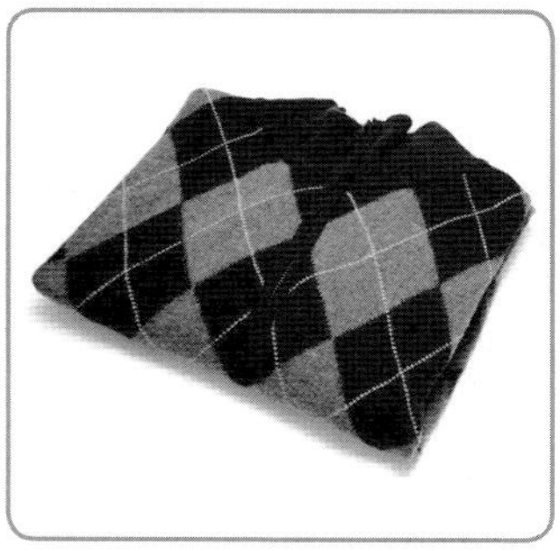

D)

TAREA 2

PRUEBA DE COMPRENSIÓN DE LECTURA

Instrucciones

Lea estos diálogos y relacione la letra de cada conversación con el lugar donde se produce. Hay tres diálogos que no se corresponden con ningún lugar:

*Marque las opciones elegidas en la **Hoja de respuestas**.*

Ejemplo: **Lugar 0:** En la clase.

La opción correcta es la **A**. Márquela en la **Hoja de respuestas**.

0.	A	B	C	D	E	F	G	H	I
	■								

A

- ● Hola. Buenos días a todos.
- ❍ Buenos días, profe.
- ● ¿Tenéis los ejercicios del libro de gramática preparados?

B

- ● Buenas tardes.
- ❍ Buenas tardes. ¿Qué desea?
- ● ¿Tienen diccionarios bilingües?
- ❍ Sí, en la primera planta.

C

- ● Buenos días, ¿puede decirme a qué hora sale el tren para Toledo, por favor?
- ❍ Sí. El próximo sale a las 5 y 10 desde esta vía.
- ● Muchas gracias.

D

- ● Adiós. Hasta esta noche.
- ❍ Adiós. Recuerda que hoy vienen los abuelos a cenar. Ven pronto.
- ● Vale. Chao.

E

- ● Adiós. Hasta mañana.
- ❍ ¿No vienes esta tarde a trabajar?
- ● No. Tengo un compromiso, pero si hay algún asunto urgente, me puedes llamar al móvil.
- ❍ No te preocupes. Estos días no viene mucha gente a la exposición.

F

- ● ¿Os conocéis?
- ❍ No.
- ● Esta es Anabel, una compañera de clase.
- ❍ Hola. Encantado. Yo soy Andrés.
- ■ Hola.
- ● ¿Qué película vemos?

G

- ● ¿El señor Rodríguez Castro, por favor?
- ❍ Sí, soy yo.
- ● Puede pasar, el doctor le está esperando.

H

- ● Hola. ¿Me puedo sentar? Es que están todas las mesas ocupadas.
- ❍ Sí, claro.
- ● ¿Estudias aquí?
- ❍ Sí. Estoy en el segundo año.
- ● Ah, ¿sí? Yo también. Me llamo Toni.
- ❍ Hola. Yo soy Beatriz, bueno, mis amigos me llaman Bea.
- ● ¿Quieres un café?
- ❍ Sí, ¿por qué no? Con leche, por favor.

I

- ● Hola. ¿Eres Manuel?
- ❍ Sí, soy yo.
- ● Mira, soy Carmen, la de clase.
- ❍ Ah, hola.
- ● Te llamo para pedirte un favor...

J

- ● Hola, mamá, ¿adónde vas tan deprisa?
- ❍ Voy a casa de tu hermano.
- ● Mira. Esta es Silvia, una amiga.
- ❍ Hola, Silvia. Encantada.
- ■ Hola.
- ❍ Bueno, adiós. Nos vemos en casa.

LUGAR	DIÁLOGOS
0. En la clase.	A
6. En el cine.	
7. En una clínica.	
8. En una librería.	
9. En la calle.	
10. En la estación.	
11. En la cafetería de la universidad.	

TAREA 3

PRUEBA DE COMPRENSIÓN DE LECTURA

Instrucciones

Lea la oferta de cursos de verano de español de diferentes universidades de España e Hispanoamérica y relaciónelos con los intereses de los estudiantes. Hay tres universidades que no debe seleccionar.

*Marque las opciones elegidas en la **Hoja de respuestas**.*

Ejemplo: **0.** Yo quiero mejorar mi español y también aprender cosas sobre la cocina española en algún curso.

La opción correcta es la **B**. Márquela en la **Hoja de respuestas**.

0.	A	B	C	D	E	F	G	H	I	J
		■								

Oferta de cursos de verano de español

A. Universidad de la Rioja (Logroño). Cursos del 28 de junio al 23 de julio

*⇦ **Español como segunda lengua:** cursos para estudiantes de todas las nacionalidades que quieran aprender español o mejorarlo. Clases con actividades culturales y visita a una bodega de vino de La Rioja.*

B. Universidad Autónoma de Barcelona. Cursos de español durante todo el año, que comienzan cada mes.

*⇦ **Cursos de español:** los cursos están dirigidos a alumnos de todas las nacionalidades y edades. También se ofrecen clases privadas. Los cursos se dan en un edificio histórico, que está en el centro de Barcelona, muy cerca de la Catedral de la Sagrada Familia, y en él hay una sala de acceso a Internet de alta velocidad para los alumnos.*

C. Universidad de Santiago de Compostela. Cursos de verano de español.

*⇦ **Curso de Lengua Española y Camino de Santiago:** es un curso para los que están interesados en conocer El Camino de Santiago y mejorar su español. Las clases son de una semana en la Universidad y otra recorriendo el Camino de Santiago. En el programa también hay seminarios y otras actividades culturales.*

D. Universidad Internacional Menéndez Pelayo (Santander). Cursos del 21 de junio al 2 de julio, del 5 de julio al 30 de julio, del 2 al 27 de agosto y del 30 de agosto al 17 de septiembre.

*⇦ **Lengua y cultura españolas:** cursos dirigidos a estudiantes que quieran aprender la lengua española al mismo tiempo que su cultura. Hay otras actividades como la cocina española o el baile.*

E. Universidad Nacional Autónoma de México. Cursos intensivos de español.

*⇦ **Cursos intensivos de Español y Cultura Mexicana:** con una duración de seis semanas. El primer programa en Hispanoamérica que integra el aprendizaje del español con arte, historia y literatura de México.*

F. Universidad de Oviedo. Cursos intensivos de español durante los meses de julio y agosto.

*⇦ **Cursos de lengua española**, pero la Universidad ofrece también cursos de conversación sobre temas de cultura española, de español de los negocios o de Historia y Arte de España.*

G. Universidad de Buenos Aires. Cursos intensivos de español en verano (meses de enero y febrero) durante cuatro semanas.

*⇦ **Cursos para alumnos de todo el mundo que necesitan el español por diferentes motivos**: para comunicarse con familiares, por turismo, por trabajo o por estudio. En nuestros programas también hay temas de actualidad y de la vida cultural y social de Latinoamérica.*

H. Universidad de Zaragoza. Cursos de verano de español como lengua extranjera en Jaca (Huesca) durante el mes de agosto.

*⇦ **Cursos de lengua y cultura españolas para extranjeros:** los cursos se realizan en Jaca. Por esta ciudad pasa el Camino de Santiago y ofrece una amplia oferta cultural. y se pueden practicar deportes de aventura.*

I. PUCE (Pontifica Universidad Católica del Ecuador). Cursos intensivos de español en Quito.

*⇦ **Cursos de español con alumnos de diferentes países.** Le damos gran importancia a las necesidades comunicativas de nuestros alumnos. Esto crea un interesante intercambio de experiencias y conocimientos. Otras actividades: participar en el coro o en equipos de deporte de la Universidad.*

J. Universidad Complutense. Cursos de verano de español durante el mes de julio.

⇦ Cursos intensivos de español en la Facultad de Filosofía y Letras, donde también estudian alumnos españoles. Todos los estudiantes reciben un carnet que les permite ir a la piscina de la Universidad o a las instalaciones deportivas.

0.	Yo quiero mejorar mi español y también aprender cosas sobre la cocina española en algún curso.	**B**
12.	Quiero hacer un curso de español en Hispanoamérica, pero quiero clases con contenidos culturales: de arte, de historia, de literatura... Tengo seis semanas, por eso un curso así me interesa.	
13.	A mí me gusta estudiar e ir a clase, pero después necesito hacer deporte. Yo practico deportes de aventura.	
14.	Me gusta mucho la gastronomía de España, y especialmente el vino. Aprender español y saber más sobre el vino es lo que quiero.	
15.	Yo canto en un coro y tengo la oportunidad de conocer a mucha gente. Me encanta poder intercambiar experiencias con diferentes personas. Ahora aprendo español y quiero ir a un país hispanoamericano para hacerlo.	
16.	Yo necesito mejorar mi español por mi trabajo y en verano, un curso intensivo, es lo ideal. Quiero combinar este curso con otro para aprender el español de los negocios.	
17.	Yo quiero hacer un curso de verano para mejorar mi español, pero en el mes de enero. No me gusta el frío por eso quiero ir a un lugar con buen tiempo. ¿En enero es verano en algún país?	

TAREA 4

PRUEBA DE COMPRENSIÓN DE LECTURA

Instrucciones

Observe el horario de las actividades extraescolares que ofrece un centro de enseñanza. Complete las frases que aparecen a continuación.

*Escribe las palabras en la **Hoja de respuestas**.*

HORAS	LUNES	MARTES	MIÉRCOLES	JUEVES	VIERNES
16:00-17:00	**natación** (para todas las edades)	**gimnasia rítmica** (para niños de 6 a 12 años)	**música** (para niños de 6 a 9 años)	**música** (para niños de 10 a 12 años)	**natación** (para todas las edades)
17:00-18:00	**taller de teatro** (para niños de 6 a 9 años)	**taller de teatro** (para niños de 10 a 12 años)	**tenis** (para niños de 6 a 12 años)	**inglés** (para niños de 6 a 12 años)	**cine** (para todas las edades)
18:00-19:00	**baloncesto** (para niños de 10 a 12 años)	**tenis** (para mayores de 12 años)	**baile** (para todas las edades)	**música** (para mayores de 12 años)	
19:00-20:00	**fútbol** (para mayores de 12 años)	**inglés** (para mayores de 12 años)	**taller de teatro** (para mayores de 12 años)	**baloncesto** (para mayores de 12 años)	

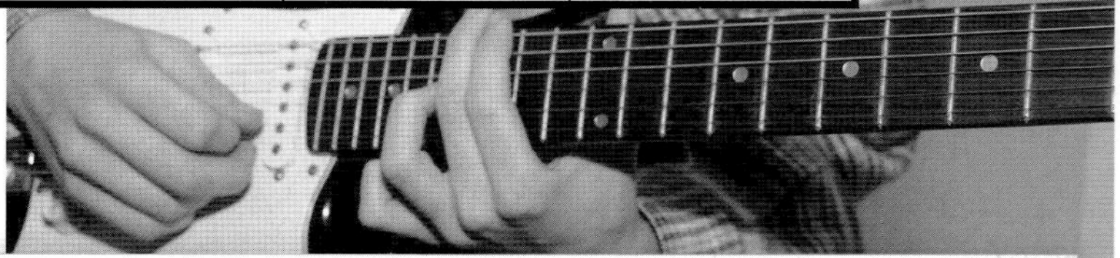

Los deportes que pueden hacer juntos los niños de seis a doce años son ....(18)............ y ....(19).............

El deporte que no pueden hacer los niños de seis a doce años es el ....(20)................................

El día de la semana que los niños mayores de doce años pueden ir a clases de inglés es el ....(21)..........................

Los niños de seis a doce años tienes clases de teatro entre las ....(22)............ y las seis de la tarde.

Los lunes y los viernes todos los niños pueden hacer ....(23).............................

El deporte que pueden hacer los jueves los niños mayores de 12 años es el ....(24).........................

El día de la semana que el centro proyecta una película es el ....(25)............................

PRUEBA DE COMPRENSIÓN AUDITIVA

TAREA 1

77 Instrucciones

*A continuación va a escuchar **cinco diálogos** breves entre dos personas. Va a escuchar cada diálogo dos veces. Después de la segunda audición, marque la opción correcta (A, B, C o D).*

Ejemplo: **0.** ¿A qué hora van al cine?

La opción correcta es la **A**. Márquela en la **Hoja de respuestas**.

0.	A	B	C	D

a)

b)

c)

d)

1. ¿Dónde quiere ir Juan de vacaciones?

A)

B)

C)

D)

2. ¿Qué fotografía es la de los hijos de Carolina?

A)
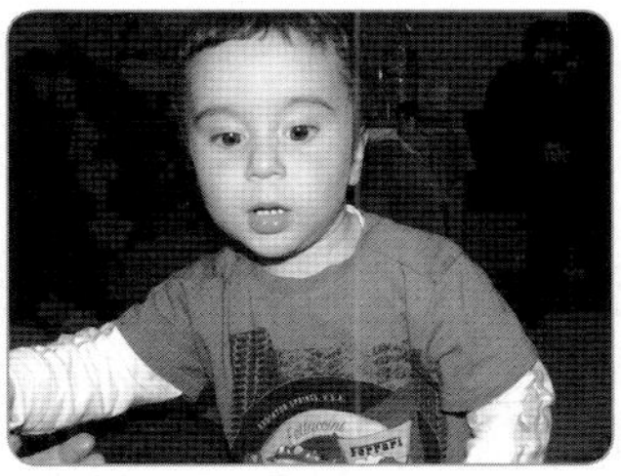
B)

C)

D)

3. ¿Qué le gusta hacer los sábados por la noche?

A)

B)

C)

D)

4. ¿Cómo va Luisa al trabajo?

A)

B)

C)

D)

5. ¿Cuál es su lugar preferido de su casa?

A)

B)

C)

D)

TAREA 2

PRUEBA DE COMPRESIÓN AUDITIVA

78 Instrucciones

A continuación escuchará cinco avisos. Oirá cada aviso dos veces. Relacione los avisos con las imágenes. Después de la segunda audición marque la opción correcta en la ***Hoja de respuestas****.*

Hay ***tres imágenes*** *que no debe seleccionar.*

Ejemplo: **Aviso 0**: Se avisa a los señores clientes, que la librería cierra dentro de cinco minutos.

La opción correcta es la **B**. Márquela en la **Hoja de respuestas**.

0.	A	B	C	D	E	F	G	H	I
		■							

A)

B)

C)

D)

E)

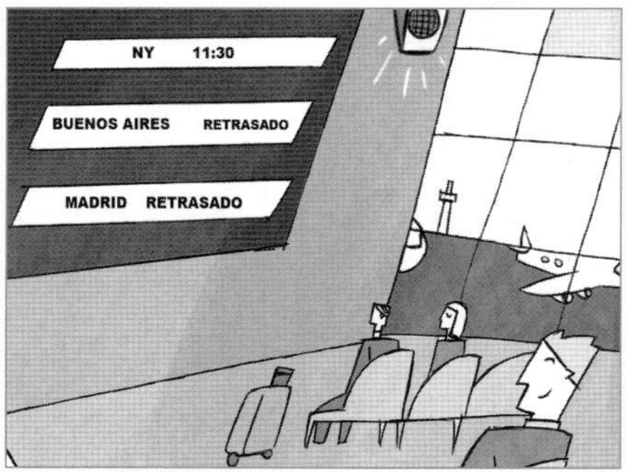

F)

G)

H)

	TABLÓN 1	TABLÓN 2
	Aviso 0	B
6.	Aviso 1	
7.	Aviso 2	
8.	Aviso 3	
9.	Aviso 4	
10.	Aviso 5	

TAREA 3

PRUEBA DE COMPRENSIÓN AUDITIVA

79 Instrucciones

Algunos jóvenes de países hispanos coinciden en unos cursos en una universidad española. El primer día de clase cada uno de ellos habla sobre su país. Va a escuchar a Alejandra que habla sobre el suyo. Relacione cada número (columna de la izquierda) con una letra (columna de la derecha).

*Hay **tres letras** que no debe seleccionar.*

*Marque las opciones elegidas en la **Hoja de respuestas**.*

Ejemplo: Mi país está bastante lejos de aquí, está en Sudamérica y es el Perú.

La opción correcta es la **D**.

0.	A	B	C	D	E	F	G	H	I	J	K	L
				■								

0.	Alejandra	**D**
11.	Su país	
12.	Ecuador y Colombia	
13.	Lima	
14.	La ciudad y su centro histórico	
15.	En Lima	
16.	El Callao	
17.	El verano	
18.	El quechua	

A	es la capital de Perú.
B	es desde diciembre a abril.
C	es el primer idioma de Perú.
D	es peruana.
E	es muy pequeño.
F	es otra lengua que se habla en Perú.
G	es grande.
H	están al norte de su país.
I	hay monumentos y playas.
J	le gustan mucho a Alejandra.
K	hace calor.
L	es el puerto de Lima.

TAREA 4

PRUEBA DE COMPRENSIÓN AUDITIVA

80 Instrucciones

Raquel habla por teléfono con su compañera de piso para encargarle algunas cosas que necesitan. Complete el texto con la información que falta. Va a escuchar la grabación tres veces.

*Escriba cada palabra en la **Hoja de respuestas**.*

Ejemplo: **0.** Laura puede <u>comprar</u> algunas cosas que necesita Raquel antes de volver a casa.

Raquel está en ....(19)............ y necesita algunas cosas del ....(20)............ y del quiosco.

Raquel quiere hacer una tortilla para comer y necesita ....(21)................

De primero van a comer ....(22)..............................

Hoy va a comer con ellas ....(23)............................

Para beber necesitan cerveza y ....(24)..........................

Laura tiene que comprarle a Raquel en el quiosco el ....(25)....................

PRUEBA DE EXPRESIÓN E INTERACCIÓN ESCRITAS

TAREA 1

Quiere organizar un viaje al extranjero con unos amigos, pero no muy caro. Hay una página web que busca todo tipo de viajes. Complete el formulario con toda la información necesaria para la búsqueda del viaje que quiere realizar.

PÁGINA BUSCA VIAJES

MOTIVO DE LA BÚSQUEDA: ____________

FECHA DEL VIAJE: Día ____ Mes ____ Año ____

DÓNDE QUIERE ALOJARSE: ____________

TIPO DE HABITACIÓN: (si la opción anterior es un hotel)

Individual ☐ Doble ☐ Triple ☐

NÚMERO DE ADULTOS: ☐ NÚMERO DE NIÑOS: ☐ EDADES: ☐ ☐ ☐ ☐

LUGAR O LUGARES A LOS QUE QUIERE VIAJAR: ____________

Dinero aproximado por persona: ____________

Otros servicios de su interés: ____________

Nombre: ____________

Apellidos: ____________

E-mail de contacto: ____________

Confirmación del e-mail: ____________

Teléfonos: ____________

____

Ciudad: ____________

C.P.: ____________ País: ____________

TAREA 2

PRUEBA DE INTERACCIÓN Y EXPRESIÓN ESCRITAS

Quiere viajar pero no quiere ir solo/a. Escriba un mensaje en forma de correo electrónico para un foro de viajes de su ciudad en el que debe:

- *saludar;*
- *explicar brevemente cómo es usted, a qué se dedica y su edad;*
- *hacer una breve descripción del viaje que quiere hacer: dónde, cómo y cuándo;*
- *despedirse y dar un teléfono de contacto.*

Número de palabras: entre 20 y 30.

....

....

....

....

....

....

....

PRUEBA DE EXPRESIÓN E INTERACCIÓN ORALES

TAREA 1

Esta tarea es la misma que la del examen 1, ver página 103.

TAREA 2

PRUEBA DE EXPRESIÓN E INTERACCIÓN ORALES

EXPOSICIÓN DE UN TEMA

Instrucciones

Seleccione ***tres*** *de las cinco opciones para hablar durante* ***2 ó 3 minutos.***

Puede hablar de:
- ¿Dónde?
- ¿Cómo?
- ¿Cuándo?

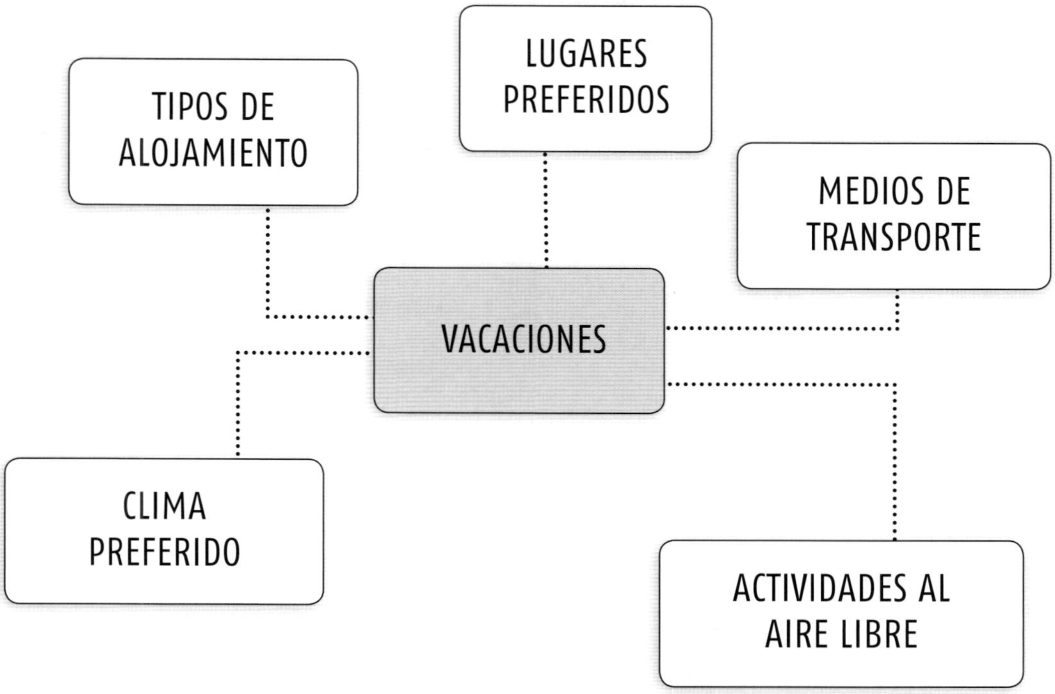

TAREA 3

PRUEBA DE EXPRESIÓN E INTERACCIÓN ORALES

CONVERSACIÓN CON EL ENTREVISTADOR

Instrucciones

Va a tener una conversación con el Entrevistador sobre su presentación y sobre su exposición del tema.
La conversación durará ***3 minutos*** *aproximadamente.*

Posibles preguntas del Entrevistador:
- ¿Le gusta viajar a otros países? ¿A cuál? ¿Me puede decir dónde está?
- ¿Le gusta viajar para ver museos o monumentos?
- ¿Utiliza el avión o el barco para ir de vacaciones?
- ¿Va de vacaciones en invierno? ¿Adónde?
- ¿Qué estación del año le gusta? ¿Por qué?

TAREA 4

DIÁLOGOS BASADOS EN LÁMINAS

Instrucciones

Ver esquema de la página 104.

LÁMINA 1: El Entrevistador pregunta

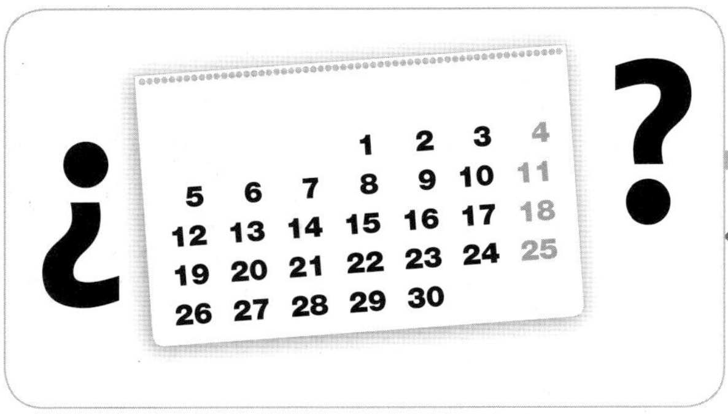

LÁMINA 1: Usted responde

LÁMINA 2: El Entrevistador pregunta

LÁMINA 2: Usted responde

LÁMINA 3: El Entrevistador responde

LÁMINA 3: Usted pregunta

LÁMINA 4: El Entrevistador responde

LÁMINA 4: Usted pregunta

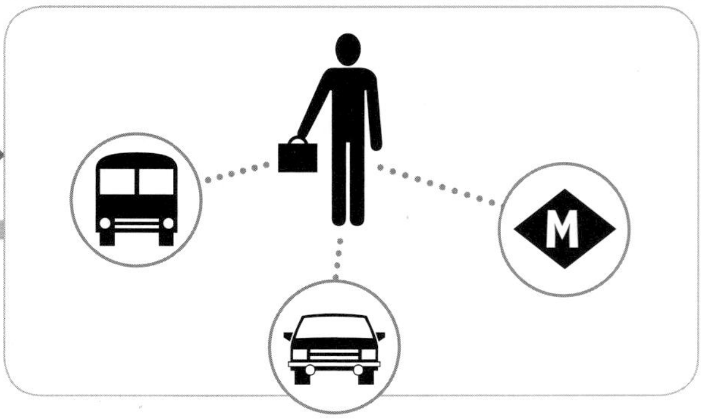